经典 历史

代表中国皇室文化艺术的
50 座帝王宫殿

李默 / 主编

广东旅游出版社
GUANGDONG TRAVEL & TOURISM PRESS
悦读书·悦旅行·悦享人生

中国·广州

图书在版编目（CIP）数据

代表中国皇室文化艺术的 50 座帝王宫殿 / 李默主编
. — 广州：广东旅游出版社，2013.10（2024.11 重印）
ISBN 978-7-80766-642-4

Ⅰ.①代… Ⅱ.①李… Ⅲ.①宫殿—中国—古代—通
俗读物 Ⅳ.① K928.74-49

中国版本图书馆 CIP 数据核字 (2013) 第 221447 号

出 版 人：刘志松
总 策 划：李 默
责任编辑：张晶晶
装帧设计：盛世书香工作室　腾飞文化
责任校对：李瑞苑
责任技编：冼志良

代表中国皇室文化艺术的 50 座帝王宫殿
DAI BIAO ZHONG GUO HUANG SHI WEN HUA YI SHU DE 50 ZUO DI WANG GONG DIAN

广东旅游出版社出版发行
（广东省广州市荔湾区沙面北街 71 号首、二层）
邮编：510130
电话：020-87347732（总编室）020-87348887（销售热线）
投稿邮箱：2026542779@qq.com
印刷：三河市嵩川印刷有限公司
　　　（河北省廊坊市三河市杨庄镇肖庄子村）
开本：650×920mm　16 开
字数：105 千字
印张：10
版次：2013 年 10 月第 1 版
印次：2024 年 11 月第 3 次印刷
定价：45.80 元

出版者识

《了解历史丛书》是一部全景式图文并茂记录中国文明历史的大书。出版者穷数年之力，会集各方力量——专家、学者、编辑、学术顾问们，在浩如烟海的历史档案、资料、著作中，探珍问宝，追寻中华文明在悠悠历史长河中的灿烂之光。此书的出版，凝聚了编撰者的心血，学术顾问们的智慧。尤其是李学勤先生，亲自动笔写下了序言，更增加了本书沉甸甸的分量。

中华文明的历史充满了辉煌与苦难，成就和挫折。它的历史无处不在，决定着我们中国人今天的思想和感情。当今的中国和中国人是中华文明的历史造就的，是中华文明的历史的延伸，也是它的一个组成部分，中华文明的历史之河奔流到现在。

中华文明是人类历史上最伟大的文明之一，是人类文明发展的主要构成。中华文明丰富、深刻、辉煌、博大，在人类文明中的骨干作用和领导作用人所共知。在人类文明的发源时期，中国就是四大古国之一，是地球上文化的策源地之一。在人类文明的早期，中华文明已成为文明在东方的支柱，公元前后 200 年间，人类的汉帝国与罗马帝国这两只铁手攫住了地球。在欧洲进入中世纪的时候，中华文明更成为了人类文明最主要的领导，它的文明统治东亚，传遍世界。进入近代，中华文明处于自身的重压和西方的欺凌下，但中国人民的斗争史和奋起精神是人类文明历史中不可缺少的一页。

五千年的中华文明为人类贡献出了从思想家孔子到科学技术的四大发明、从唐诗宋词到长城运河的伟大创造，贡献出了从诸子百家到宋明理学，从商周铜器到明清文学的深刻内涵，也贡献出了从五霸七强到三国纷争、从文景之治到十大武功的辉煌历史。中华文明的历史绚烂多彩，在人类文明的历史长河中永放光芒。

中华文明也是人类历史上最独特的文明，没有哪一个文明像中华文明这样持久，这样统一一致。世界上其他文明不但互相交错，其创造者也都与高加索人种有关，它们是姐妹文明。在人类历史中，只有中华文明才是独特的，它的创造者是中国土地上的中国人民，与其他任何地方的人民都没有关系，它的文化是统一一致的文化，可以不依赖于其他任何文明而生存，但中华文明也绝不是封闭的，它接受他人的文化，也承担自己对于人类的责任。

人类进入新世纪，中国的社会经济发展令世人瞩目。人们对于世界未来的政治和经济结构的估计无不以东亚和太平洋为中心，而尤以中国为重点。

经济起飞只是当代中国的一个方面，中国的精神文明的建设尤为刻不容缓。如果中国要自觉地发展中华文明，要有意识地使中国的发展具有世界意义，就必须发展强有力的精神文化，这样才能使中华文明的发展进入一个新的阶段，才能形成中国和中华文明的全面现代化。

　　而中国的精神文化的发展植根于中华文明的伟大传统之中。进入近代之后，在西方文化的冲击下，对于中国文化的价值产生大量的情绪化和激烈冲突的论调。"五四"运动"打倒孔家店"的口号具有冲破封建束缚的时代意义，对中国文化的发展有不容否认的正面意义，与文化虚无主义是完全不同的。文化虚无主义者否定中国传统文化，在现代化的旗帜下主张全盘西化；而复古主义则沉迷于中国文化的古董，走进反进步、反科学的泥潭。

　　历史的发展则超越了所有这些论点，产生这些论调的一百多年来的中国近代史已经结束。历史要求中国发展，要求中国走在全世界发展的前列。西化论和复古论都已过时，历史已经要求世界超越西方，中国可以承担起世界的命运，而中国的现实和世界的历史都说明，中国的使命在于它的发展前进，而非倒退。

　　中华文明走出迷惘的时代，我们这一代处在一个伟大而具有挑战的历史阶段。

　　总结历史、展望未来，这就是《了解历史丛书》的意义和使命。我们创作《了解历史丛书》，力求总结和回顾中华文明的全貌，在内容和形式上都开创一个新的局面。在内容结构上，既具有一定的深度，又具有相当的广博性，既有严谨、准确的学术价值，又有活泼、流畅的可读性。我们在本丛书内容纳了中华文明的各个方面，使它综合了大规模学术著作的系统性、严密性和普及读物的全面性、简易性，它既可作为大型工具书检索中华文明的各个成分，又可作为通俗的读物进行浏览。

　　我们从上世纪 90 年代初起就开始思考中华文明的历史和现实问题，并逐渐形成了编著《了解历史丛书》的设想。在开展这项庞大的文化工程之始，我们就聘请了国内权威学者李学勤、罗哲文、俞伟超、曾宪通、彭卿云诸先生担任学术顾问，他们对计划作了充分讨论，并审阅了大量初稿。我们聘请了广州、香港地区的社会科学学者、大学教师、研究生以及我社编辑人员几十人担任稿件的撰写工作。

　　通过创作这部书，我们深深地感受到了中华文明的博大精深，也感受到了它的内在缺陷。中华文明具有辉煌的时期，也有苦难的年代，有它灿烂的成就，也有其不足的方面。中华文明在自身中能够吸取充分的经验和教训，就能够使自身健康壮大，成长发展。

　　通过创作这部书，我们也深深感受到了出版事业的使命和重任。我们希望这部书能受到广大读者的喜爱，起到它所应当起的作用。为中华文明的反省、前进和奋起作一点贡献。

目 录

王城岗遗址和平粮台古城文化遗址出现 / 001

二里头文化开启二里冈商代文化 / 003

商王修建二里头宫室宗庙 / 006

殷人迁都殷墟 / 008

秦文公建新都 / 010

春秋时代的建筑铜构件 / 011

诸侯为周筑城 / 013

周室二王并立 / 014

楚占江淮以北·国势复盛 / 015

秦献公改革秦政 / 016

赵武灵王胡服骑射 / 018

秦韩魏伊阙大战·白起任大良造 / 020

秦始皇修建阿房宫骊山陵墓 / 021

长安城建成 / 023

萧何建石渠阁 / 025

长信宫灯代表汉工艺的高峰 / 027

汉武帝建造建章宫 / 029

画功臣于麒麟阁 / 031

石渠阁会议召开·经学各流派兴盛 / 032

汉代宫苑兴盛 / 033

汉代灯具造型精美 / 037

曹操作铜雀台 / 041

曹丕称帝代汉 / 042

魏晋宫室定形 / 045

司马炎称帝改制 / 048

司马炎诏造六宫 / 051

司马睿称帝·东晋建立 / 052

石勒称帝·建立赵国 / 054

魏道武帝持续改革 / 056

夏筑统万城 / 058

魏迁都洛阳 / 060

宇文泰仿古建六官 / 062

陈霸先建陈 / 064

杨坚灭宇文氏建隋 / 066

隋造仁寿宫 / 068

隋代开始凿运河·沟通南北交通 / 069

隋炀帝大兴土木 / 073

重建长安城 / 077

大明宫建成 / 079

修建九成宫、华清宫 / 081

修建道教太清宫 / 083

太平公主谋反被诛 / 084

唐顺宗即位重用二王改革 / 087

长安洛阳兴盛私家园林 / 089

李克用助唐 / 092

朱全忠专唐政 / 094

唐设教坊职司歌舞百戏 / 096

契丹称帝建元 / 097

段氏大理国建立 / 098

汴梁城形成 / 099

宋太宗去世·真宗继位 / 102

宋置龙图阁 / 103

保国寺大殿开建 / 104

荣王元俨宫失火·宋宫藏书尽毁 / 105

广州城墙开始建筑 / 106

正定隆兴寺成为北方巨刹 / 107

建筑斗栱使用定型 / 113

宋高宗即位改元建炎南宋开始 / 115

金佛殿兼采辽宋 / 116

南宋建都临安 / 119

善化寺大殿建成 / 120

辽佛殿继承唐风格 / 121

辽独乐寺建筑群建成 / 123

金迁都燕京·营造中都 / 126

耶律楚材宣传三教同源 / 127

了解
历史
丛书

代表中国皇室文化艺术的 50 座帝王宫殿

忽必烈建元·定都大都 / 129

道教开铸金殿 / 131

元代道教建筑中的典型代表——永乐宫建成 / 133

明营建南京 / 136

诏建北京宫殿 / 139

最大最完整的帝王宫殿故宫完成 / 140

乾清宫发生火灾 / 147

盛京宫殿基本形成 / 148

清建都北京 / 150

改造故宫 / 151

王城岗遗址和平粮台古城文化遗址出现

王城岗遗址和平粮台古城文化遗址约形成于前 2150 年—前 1870 年。

王城岗遗址位于河南登封告成镇西约 1 公里处，其城址规模很小，呈方形，分两次筑成。西城墙长 92 米，南城墙长 82.4 米，东端留有一个宽约 10 米的缺口作为城门。现存基槽深约 2 米，宽 4.4 米，底宽约 2.5 米，由此断定其城墙的基部厚度应不少于 4.4 米，基槽内填夯土 10—20 厘米不等。从城内中部和西南部较高地带所残存的断断续续的夯土残迹来看，此处应为城内重要的建筑遗址。

平粮台古城遗址位于河南淮阳县城东南约 4 公里的大朱村西南隅，1979

西安半坡方形房屋遗迹，屋内有 12 根木柱。

年发现，属河南龙山文化晚期的城址，距今约 4300 多年。城址的平面呈正方形，长宽各约 185 米，总面积达 34000 余平方米，大于王城岗城址。城墙残高 3 米，厚 15—20 厘米，系采用小板筑堆筑法建成的夯土墙，夯层清晰，夯窝明显，有些系由 4 根木柱绑在一起而成。城门设于南、北城墙的中段。就现已发掘出的南城门来看，南门宽约 1.7 米，门道东西两侧有两座房基，当属门卫房。门道下有陶制排水管道，每根长 35—45 厘米，为目前中国发现最早的排水管道。此外，在城址内发掘出十余座房基，多为长方形排房，或为平地起建，或为夯土高台建筑，并普遍使用土坯砌墙。土坯的普遍使用，是建筑史上的一大进步。城内还发现陶窑、墓葬、灰坑等遗迹，并在一灰坑中发现铜渣，表明当时人们已初步掌握冶铜技术。

　　王城岗遗址和平粮台古城遗址是中国现存最早的城址，它们的发现对研究中国古代城市的起源、建筑的发展以及国家的形成，均具有重要意义。

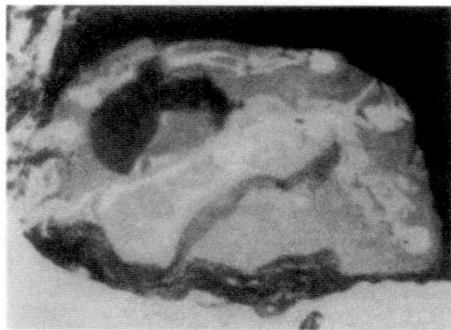

王城岗城址 1 号墓基坑

二里头文化开启二里冈商代文化

二里头文化从前 21 世纪延续到前 17 世纪，遗迹主要遗留在河南中、西部的郑州和伊、洛、汝、颍诸水流域一带，山西南部的汾水下游也有所分布。得名于河南偃师二里头遗址，属于青铜时代文化。

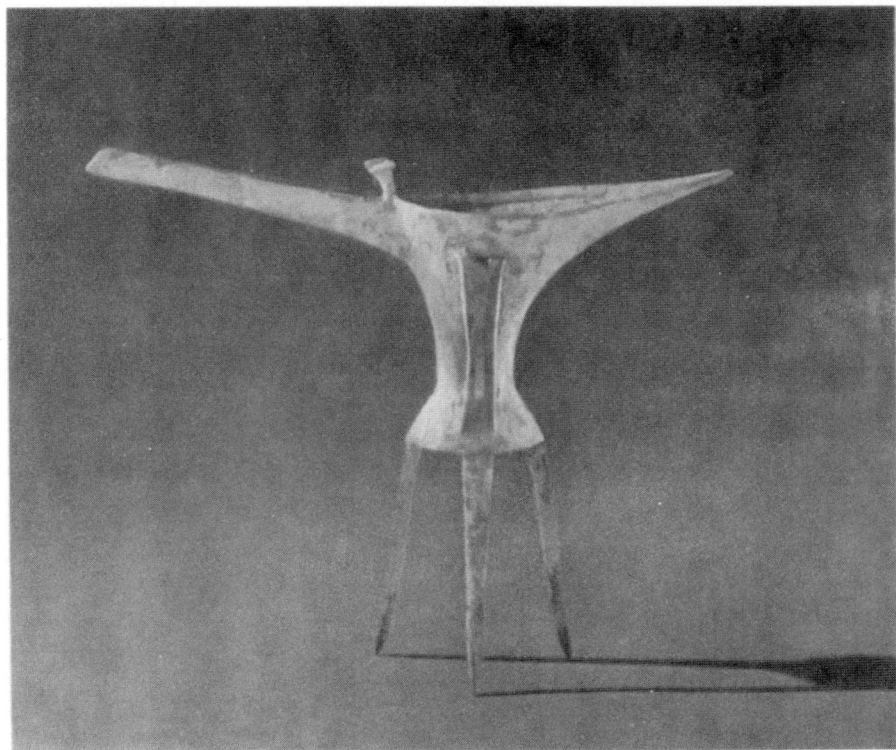

河南偃师二里头遗址出土的铜爵

二里头文化的兽面铜牌饰（左）和柄形玉饰

当时居民以农业为主，农具有石器、骨器、玉器以及青铜制品。从青铜制品来看，河南龙山文化只是进入青铜文化的准备时期，而在二里头文化时期，青铜器不论是数量还是种类都较多，当时已有爵、铃、戈、镞、戚、刀、锥、钩等。其中铜爵的合金成分为铜92％、锡7％。二里头文化显然已经进入了青铜时代，这和青铜器大量出现的二里冈商代文化比较接近。

二里头文化时期，制陶业发展迅速，遗留的器物突显二里头文化的特征。以陶器为参照物，二里头文化可以分成四期。第一期以褐陶为主，磨光黑陶占一定比例，纹饰以篮纹为主，有少量方格纹、细绳纹。第二期陶器中黑陶数量减少，以细绳纹为主，蓝纹和方格纹明显减少。这两期的器形多折沿、鼓腹、小平底，基本上保持了龙山文化时期的陶器特征。第三、四期的陶器颜色普遍变为浅灰，以绳纹为主，出现粗绳纹，蓝纹和方格纹几乎绝迹。

早期常见的鼎、深腹盆、甑等一直延用，到晚期，新出现了鬲、斝、大口尊、小口高瓮等器物，和二里冈商代文化陶器有着更多的相似之处。

二里头文化的居址有半地穴式、平地起建筑和窖洞式等几种形式，做成圆形、方形圆角和长方形等形状，适合几口之家居住。同时出现了大型宫殿的建筑，普遍使用的夯土筑台基技术这点和二里冈商代文化前期基本一致。整个宫殿由堂、庑、庭、门等单位组成，布局严谨、主次分明，是迄今为止所知的中国最早的宫殿建筑。宫殿的出现，表明奴隶主和奴隶、贵族和平民之间明显的阶级对立，也预示着新的社会——奴隶制社会已经到来。

二里头文化晚于龙山文化，而早于二里冈期商文化。有学者认为，二里头文化的一、二期遗存是夏文化，而第三期遗存中发现了与二里冈期商文化有相同或相近的代表性器物，而且随着发掘工作的开展，出土的器物数量越来越多，这正好表明第三期遗存已进入商代纪年，由此推测三、四期遗存应是商代早期的遗存，其遗址应是商汤都城西亳。因此，二里冈期商文化是由二里头文化发展而来，商朝的文明渊源于二里头文化。

商王修建二里头宫室宗庙

河南偃师二里头宫殿遗址复原大型木构建筑

约前 16 世纪，商王利用前代建筑遗留下来的基址，在今河南偃师二里头村南修建宫室宗庙。宫室宗庙建在面积约 1 万平方米的方形的夯土台基上。夯土台东西长 108 米，南北宽 100 米。台基中间建土台，长 36 米，宽 25 米，宫室就建在土台上。巨大的夯土台可以起到防潮、卫生、加固的作用，并使宫室显得更加雄伟壮观。经过对遗址的考古挖掘和复原工作，大致可以推测二里头宫室宗庙是一组围廊四合、宫室居中的建筑。宫室是一座长 30.4 米，宽 11.4 米的四门重屋式殿堂。殿前为广庭，面积达 5000 平方米，殿堂四周还有一面坡或两面坡式的廊庑。屋顶为纵架结构，即以外檐柱和与外檐柱平行的墙顶为支点架设斜梁或称大叉手屋架，转角处斜架形成角梁的屋顶结构。总体结构属面阔 8 间、进深 3 间的平面布局。院内的殿堂基本位于后部院的正中，前部大门也基本位于前院的正中，但因院落前后部宽度不同，两座建筑并不在同一轴线上。院墙与院墙，建筑与院墙并不是严格平行，表现出当时建造的随意性，同时也反映出当时的建筑观念只是把个体简单地叠加在一起而形成群体，而没有进行建筑群体的艺术搭配。

　　二里头宫室宗庙建筑遗址于 1959 年发现，是目前所知中国最早的宫室宗庙建筑，其建筑形式与风格对后世具有较大的影响。

殷人迁都殷墟

1930 年殷墟发掘现场

商王朝从商建国至盘庚执政，历经了四次迁都。

前 1312—前 1285 年，阳甲死，其弟盘庚继位，为了摆脱困境，避免自然灾害，于是决定从奄（今山东曲阜）迁都至殷（今河南安阳西北），但遭到不少商民的反对。盘庚便利用宗教对商民们进行威慑恫吓，说先王们都按照上帝的意志迁了四次都，我也经过占卜，"卜稽曰：其如台"，因此迁都的计划得到上帝的允许，并不是我个人的意愿。你们要服从上帝的旨意，否则上帝就要惩罚你们祖先的灵魂。结果商民们不敢违背上帝的旨意，跟随盘庚迁至殷地。从此安定下来，直至商纣灭亡，共历八世，十二王，273 年。

殷在前 14 世纪末至前 11 世纪作为商代后期的都城，也是中国历史上可以肯定确切位置的最早的一个都城。盘庚迁殷虽然披上一件神意的外衣，但却是历史的一大进步。盘庚迁殷成为商代的一个重要转折点。商迁殷后，政治有所改善，社会比较稳定，经济、文化都得到很大发展。约前 11 世纪周武王灭殷后，殷城逐渐荒芜，时间一久，变成废墟，慢慢被埋在地下，后人称为殷墟。自盘庚迁殷到帝辛（纣）亡国 273 年间，国号也称殷，一般也称作殷代。整个商代也称为商殷或殷商。

殷墟作为商王朝后期都城遗址，位于河南省安阳市西北郊洹河两岸，面积约为 24 平方公里。清光绪二十五年（1899 年），王懿荣发现了殷墟出土的甲骨卜辞，后来罗振玉、王国维等在甲骨卜辞上先后考释出殷王朝先公先王的名谥，从而证实了《史记》《世本》记载的商王朝世系是可信的，洹水南为殷墟的记载也是正确的。从 1928 年开始考古发掘到现在，先后发现了宫殿、宗庙、陵墓和手工业作坊等历史遗迹，证明了殷墟为布局严整的商代都城，是高度发达的奴隶社会的缩影。都城大体上在洹河南岸以规模宏伟的宫殿和宗庙（今小屯村附近）为中心，周围环绕着铸铜、制骨、制陶等手工业作坊，居民区以及贵族和平民墓地；在洹河北岸以大面积的王陵区（今武官村、侯家庄一带）为中心，外围是简陋的贫民居住区。而在王陵区发现了 13 座大型贵族墓葬和 1400 多个屠杀奴隶祭祀祖先的人祭坑，墓内都有大量殉葬人，如武官村大墓中殉人达 200 多人，其中奴隶多数是未成年的儿童，有的被砍头，有的被锯断手足，反映了商代奴隶制社会残酷的阶级压迫的历史事实。殷墟墓葬内出土了大量珍贵文物，其中大多数为青铜器和陶器。司母戊方鼎为商代青铜器珍品，是世界最大的青铜器，堪称世界铜器之最。殷墟还出土了 15 万片以上甲骨卜辞，是中国目前发现最早的文字，反映了殷商文化高度发展的史实。青铜器上的铭文则反映了晚商文字的进一步发展，在商代铜器研究中具有重要价值。殷墟代表了晚商文化发展的最高水平。随着殷墟发掘的逐步深入，关于人殉和墓葬制度，商代青铜器，甲骨文字等方面的讨论和研究也不断深入并取得越多越多重要成果。

秦文公建新都

　　秦文公时期，秦国有较大发展。秦文公三年（前763年），秦文公率兵700人往东方打猎，次年秦文公收复汧水与渭水会合之地（今陕西眉县附近）。此地系秦人的祖先非子受赏于周王朝，秦人在此处建造城邑，此后，秦又在此发展势力，终得列为诸侯。秦文公欲在此再建城，便命人占卜，得吉兆，于是动土营建城邑，作为秦国向东发展的据点。前761年，新城邑建成，秦文公迁都于此。秦文公十六年（前750），秦文公率兵伐戎，打败戎人，将散亡的周族之人聚拢，置于秦的管辖之下。秦国的辖地到达岐（今陕西岐山县东北），而后秦文公又将岐以东之地贡献于周，以表敬意。

　　秦文公游猎、战争的情形，与现存最早的刻石文字石鼓文中所歌咏的内容极为相似。这种记录不仅是单纯的历史记录，更是将当时那种意气风发、奋发向上的浪漫情调附会渲染的文化遗迹，体现出新文化之初的新气象。

春秋时代的建筑铜构件

　　用于横枋与墙柱相连接点上的铜构件或用于横枋中段及端部的铜装饰，在春秋时期已出现，类型丰富。在陕西凤翔春秋时秦国城内一宫殿建筑遗址附近的 3 个窖穴里发现了 64 件铜构件，有内转角，外转角，尽端和中段 4

蟠螭纹铜建筑构件。秦都雍城遗址出土。从这些精美的铜建筑构件中，我们可以想见当年秦都宫城的巍峨壮观。

种，还有小型转角和梯形截面。在横枋与墙柱相连接的转角处使用的铜构件是曲尺形，在横枋中段与端部使用的铜构件是矩形。铜构件安装于建筑物之后的看面都饰有蟠虺纹，除楔形和小拐角外，有花纹一面的尾部都有锯齿状尾，这些锯齿均经打磨，卵眼大部分有锉磨加工的痕迹。

铜构件在转角处起着提高建筑整体刚性的力学作用，同时又起着装饰作用，而位于横枋中段及端部的铜构件，则纯起装饰作用。这种装饰作用对后期宫殿、寺院等高级建筑的木构装饰影响很大。后期的彩画，花纹突出的部位多设在构件交接处，明显地保持了这种金属饰件的意味。小型的转角构件，则是后期门窗隔扇看叶的原型。

另外一种用于建筑结构上较早的铜构件是铜柱锧，对木柱脚的防腐有极大好处。

春秋铜构件，是应用于建筑上比较早的、数量最多的金属构件，它为后期建筑上的门钉、铺首、看叶、铜铎的使用奠定了基础。

春秋蟠虺纹楔形中空建筑构件

诸侯为周筑城

周敬王十年（前510年），周室已经破落，无力筑城，请诸侯为它修筑毁于王子朝之乱的城周。于是晋魏舒、韩不信、齐高张、宋仲几、鲁仲孙何忌、郑国参等大夫会于京师。晋士弥牟制订工程方案，计算城墙长度、高度、厚度和沟渠深宽，考察土方数量，运输距离，以及所需器材和粮食，预计用工多少和完工日期，以命令诸侯服役。

筑城工程本身不重要，却是世界上最早运用的工程运筹学的工程，说明当时数学、工程学已相当发达。

周室二王并立

周景王二十五年（前 520 年）夏天，周景王死，周大夫单穆公等立景王长子猛，是为悼王。景王庶子王子朝发动叛乱，以争夺王位。王子朝击败悼王的军队。当年，周悼王死，周敬王继位。

周敬王元年（前 519 年），晋国派兵围攻王子朝，王子朝溃败。晋军撤回。六月，王子朝卷土重来，屡败周朝军队。六月二十四日，王子朝进入王城。此时敬王居王城东之狄泉，人称东王；王子朝被周世卿尹氏立为王，以称西王。于是形成二王并立的局面。

周敬王三年（前 517 年）夏，晋赵鞅召集鲁叔诣、宋乐大心、卫北宫喜、郑游吉以及曹人、邾人、滕人、薛人、小邾人在黄父（今山西沁水县西北）相会，商量安定王室。赵鞅命令各国向周天子输送粮食，准备好戍守的将士，并告诉各国，明年将送周敬王返回王城。周敬王四年（前 516 年）十月十六日，周敬王在晋军拥护下在滑（今河南偃师县南）起兵。十一月，支持王子朝的周世卿召伯盈见晋师节节取胜，于是倒戈逐王子朝，王子朝与部分召氏之族及毛、尹等族携带周室典籍，出奔于楚。

十一月二十三日，周敬王进入成周王城。

楚占江淮以北·国势复盛

春秋时代的强国楚国在春秋晚期被新崛起的吴国打败，但吴、越战争减轻了楚国的外来压力。周元王四年（前473年），越灭吴，楚由此解除来自吴的威胁，国力开始复兴。

周定王二十二年（前447年），楚攻灭蔡国。蔡国是周初所封的重要诸侯国，一直是楚、晋等大国争霸的中间地带，蔡被楚灭，楚国势力上升。此后，蔡侯齐虽然逃亡在外，但再也没有能够复立蔡国。

周定王二十四年（前445年），楚攻灭姒姓的杞，同时又与秦国修好关系，继续扩展疆土。越国灭吴国，但未完全控制江、淮以北地区。楚惠王看有机可乘，于是派兵东征，向东扩展领土以至泗水以上，尽占有江、淮以北地区。

楚国这一系列的扩张成功使楚国恢复为一个有影响力的大国，国势复盛。

战国前期楚王镈章的钟

秦献公改革秦政

周安王十五年（前387年），秦惠公卒，子出子即位。出子年幼，秦国政权实际上掌握于其母亲小主夫人和宦官之手，政治黑暗，秦国内部开始骚动。此时，出奔在魏的公子连（师隰），想重新返回秦国夺取政权，国内反对小主夫人的新兴势力也期待他回国。他几经周折，从焉氏塞（即乌氏塞，今宁夏固原东南）入境，回到秦国。小主夫人闻讯，发兵讨伐。但秦国军民反对秦出子母子，在进军途中，吏卒倒戈转而拥护公子连。公子连在军队拥护下回到秦都城雍（今陕西凤翔西南）。小主夫人见众叛亲离，在一片绝望声中自杀，秦出子也被杀，公子连取得君位，是为秦献公。

秦献公即位之初就命令废止已相沿数百年之久的人殉制度。周烈王元年（前375年），秦献公将秦国人户按五家为一伍的单位编制起来，称为"户籍相伍"。这一制度与宗族制不同，大大削弱了人与人的宗法依附关系，促进了生产发展。秦虽非首先实行户籍制度，但秦的户籍制却最严格、最规范，今天我们的户籍制就是这一制度的延续。

秦献公即位后的第二年，命令修筑栎阳（今陕西富平东南）城，并迁都于此。栎阳距魏很近，因为此时河西地区尚为魏所拥有。秦献公迁都于栎阳，主要是从军事需要考虑的，并体现了恢复河西地区的决心。另外栎阳"东通三晋，亦多大贾"，是商业贸易繁盛、往来要冲之地。献公迁都于此，显然对于秦国摆脱闭塞状态是有利的。秦献公还集中推广县制。秦国早在春秋时期就在边远地区设置带有军事性质的县，战国初期又不断增置，如周定王十三年（前456年）设频阳县（今陕西富平东北）、周安王十三年（前389年）在陕（今河南三门峡西）设县。秦献公使县制更为普及，周安王二十三年（前

379 年），秦献公把蒲、蓝田、善明氏等改建为县，周烈王三年（前 374 年），秦献公又在栎阳设县。郡县制后来成为我国地方行政制度的核心。

　　由于秦献公采取了一系列的措施，秦的国力上升，使秦国在同三晋的斗争中由败转胜。周显王三年（前 366 年），秦国出兵向韩魏联军进攻，大败韩魏联军于洛阳，取得首次重大胜利。可以说秦献公是秦国发展史上一位有贡献的杰出人物。

赵武灵王胡服骑射

赵武灵王雄才大略，即位之后，勤于国政，思光大先王功业，但赵国西有强秦，南有魏、韩，东有劲齐，难以发展。而东北的东胡、北面的匈奴、西北的林胡、楼烦等游牧部族，又经常以骑兵侵扰赵国，破坏边地农业生产和人民生活。迫近赵国腹心地区的中山国也曾倚恃齐国，侵夺赵国领土。赵武灵王决定趁中原地区各国互相攻伐之机，向中山国及北部游牧部族地区展开进攻，拓展领土。周赧王八年（前307年），赵武灵王率军攻取中山国的房子（今河北高邑西南）之后，向北打到无穷之门（今河北张北），又折向西到达黄河边，考察了赵国北面的游牧部族地区，对日后向北拓展领土的作战区域及有关情况作了详细的了解。赵武灵王发现，中原地区普遍使用的车战，在北方山地和丘陵地区并不适用，胡人骑马射箭的作战技术则显示出特有的长处，胡人穿短衣、束皮带、用带钩、穿皮靴的装束，又很利于骑马作战，于是他决定进行军事改革，学习胡人骑射战术以及与之相适应的短衣装束。

为推行这项改革，他首先请来大臣楼缓商议，向他分析了赵国的周边形势，认为赵国若没有强大的兵力自

战国铜武士俑。整个造型比例适度，发达的胸肌、鼓凸的肌腱，展示了强健的体型。

救，就有亡国的危险，因此必须学习胡人骑射技术，推行胡服，以增强赵国的军事力量。楼缓表示赞成，但其他大臣们知道后都极力反对。赵武灵王向大臣肥义表述了自己继承先王赵简子、赵襄子抗击胡人、翟人的功业，向中山国及北方开拓领土的志向，说明穿胡服是为了掌握骑射技术，提高赵国战斗力，削弱敌人优势，如此则可事半功倍，不耗尽民力而能光大先王勋业。他对群臣、百姓囿于世俗，不了解自己意图而妄加议论感到忧虑。肥义认为，愚昧的人看到事情做成后才明白，聪明的人却能在事先就看清楚，因此讲究最高德行的人，不必理会世俗之见。成就大功业的人，岂能与凡人商议。从前尧为了取得成功，曾在苗人中舞蹈；禹为了取得成功，曾在裸国中脱去衣服。俗语说"做事犹豫就不会成功，行动犹豫就不能成名"。他希望赵武灵王坚定决心，不必顾虑世人议论，不要犹豫不决。赵武灵王得到肥义支持，遂坚决在赵国倡行胡服，带头穿上胡人服装，又说服叔父公子成身穿胡服上朝，对封建贵族赵文等人的反对意见严词驳斥，下令在全国推行胡服，并招募士兵进行骑射训练。

赵武灵王的改革很快收到了效果。周赧王九年（前306年），赵北攻至中山之宁葭（即曼葭，今河北石家庄西北）、西略林胡（少数民族部落，分布于今陕西东北部和内蒙地区）之地至榆中（今内蒙古伊克昭盟东部），迫使林胡献马求和。次年，赵再取中山之丹丘（今河北曲阳西北）、华阳（今河北唐县西北）、鸱之塞（又作鸿上塞，今河北涞源南）、鄗（今河北高邑东南）、石邑（今石家庄西南）、封龙（今石家庄西南）、东垣（今石家庄东北），迫使中山国献四邑始罢兵。中山经此重创，不久便灭亡了。胡服骑射不仅拓展了赵的疆土，壮大了赵的实力，而且使赵国成为继晋之后与燕国一样的北方民族融合的中心，也为中原的生活方式带来了新的因素。

秦韩魏伊阙大战·白起任大良造

　　周赧王二十二年（前293年），韩国以公孙喜为将，与魏国共同攻打秦国。秦相魏冉推荐左更白起代替向寿为将，与韩、魏联军大战于伊阙（今河南洛阳东南龙门）。白起是秦国郿（今陕西西眉县东）人，擅长用兵，秦昭王时任职。伊阙之战秦军大胜，杀死联军二十四万人，俘获公孙喜，攻取五城。白起因战功卓著，被擢升为国尉，又带兵渡过黄河，夺取韩国安邑（今山西夏县西北）以东至乾河（今山西垣曲东）的领土。这是战国时代的大战之一。周赧王二十一年（前294年），白起任左庶长，带兵攻占韩国新城（今河南伊川西南）；次年，升为左更。伊阙（今河南洛阳东南龙门）之战，大败韩、魏联军，战功卓著，被提拔为国尉。第三年，升任大良造。

秦始皇修建阿房宫骊山陵墓

秦始皇三十五年（前212年），始皇以咸阳人多，先王留下的宫殿小为由，命令在渭河以南的上林苑（今陕西西安西北三桥镇南）营建朝宫（皇宫正殿）。首先建造的是前殿阿房宫。

阿房宫殿堂，东西宽500步（秦制6尺为一步），南北长50丈，殿内可以容纳一万人。殿前建立5丈高的旗杆，宫前立有12尊铜人，各重24万斤。以磁石为门，有怀刃隐甲的人入宫，即被吸止。周围建阁道连通各宫室，其

秦阿房宫下水道

阁道又依地势上达南山（今陕西西安南）。在南山顶，建一宫阙，作为阿房宫的大门，又造复道，从阿房宫通达渭水北岸，连接咸阳，以此象征天极紫宫后十七星横越云汉，达于宫室（二十八宿之一）的天庭。

为修建这一庞大的宫殿，秦始皇下令征调隐宫（施宫刑之所。宫刑畏风，须入隐室，故名）罪人与刑徒七十余万分工劳作（其中一部分被派往修骊山陵墓）。北山（今陕西礼泉、泾阳、三原与淳化境内）石料，蜀楚木材，被源源不断地运到关中作建筑用。

阿房宫建制占地的范围，从咸阳以东到临潼，以西至于雍（今陕西凤翔南），以南抵于终南山，以北达于咸阳北坂，纵横 300 余里。此外，从咸阳到函谷关（今河南灵宝东南）以西，有朝宫 300 余所，函谷关以东 400 余所。众多的宫殿一律施以雕刻，涂以丹青，五光十色，五彩斑斓，极其富丽堂皇，气势也很雄伟。

阿房宫耗资极大，劳民伤财。到秦始皇死时，宫殿仍尚未落成，秦二世继续营建。不久后秦朝灭亡，到楚汉战争，项羽入关，烧秦宫室，火一连三月不熄灭，阿房宫随之化为灰烬。阿房宫这组秦朝最大的宫殿建筑群，从陆地上消失，留给后人的仅是遗址。

骊山始皇陵园自秦始皇三十五年（前 212 年）也开始投入 70 万人加紧营建，陵东三大从葬坑中布列由步、车、骑诸兵种组成的宏大雄伟的兵马俑军阵。

长安城建成

汉都城长安的营建开始于汉高祖五年（前 202 年），当时以秦兴乐宫为基础，兴建了长乐宫作为皇宫，高祖七年（前 200 年）十月，长乐宫建成，刘邦自栎阳迁都长安，并在长乐宫中改行汉朝礼仪。此后又以秦章宫为基础兴建了未央宫，并在长乐宫和未央宫之间修筑了武库，另在长安东南修建了太仓。汉惠帝时开始修筑长安城。惠帝三年（前 192 年）春，征发长安附近 600 里内男女 14.6 万人修筑长安城，30 日中止。六月，再次征发诸侯王、列侯有罪之刑徒、奴隶 2 万人筑建长安。五年春正月，又征发长安附近 600 里内男女 14.5 万人修建长安，30 日后停工，同年九月，长安城建成。

长安城城墙又高又厚，雄伟壮观，规模空前。城墙高达 8 米，基底厚 16 米，土质纯净，遂层夯实。城墙四周共开城门 12 座。城内有 9 条主要街道干线互为经纬，正中纵横交叉的两条街道称为"驰道"，属皇帝专用。长乐宫、未央宫处于城内南部。汉武帝时期，在城内又陆续兴建了桂宫、明光宫和城西的建章宫，在城郊开凿了昆明池，充实了上林苑中的宫观建筑，大规模扩建了避暑胜地玉泉宫。此时长安城建设规模达到了顶峰，其范围包括浐、灞、沣、滈、涝、皂 6 条河流。汉元帝以后，外戚贵族竞相在城内兴建住宅和池苑，使城内建筑拥挤，官办的冶炼、铸造作坊被压缩在城内西北一角和城西南部。王莽当政时期，大搞复古主义，拆毁建章宫和上林苑中一批宫观建筑，并于城南大建明宫、辟雍和宗庙等礼制建筑，大规模扩建太学。但汉长安城基本面貌没有很大改变。

汉长安城平面近似正方形，长宽几乎相等，方向基本上成正南北向。根据文献记载，汉长安城有 16 座桥梁，此外城中还有旱桥——飞阁复道。城内道路相当整齐，街道笔直，或东西向、或南北向，在城内交叉、汇合成8个丁字路口和两个十字路口。城内给水、排水系统规划严密。一方面利用了周秦时代的给水系统，以沣、滈两条河流为水源，以滈池为水库，而更主要的还是依靠沈水为水源。排水系统结构完整，城内大街两旁都有明沟，为排水干道。它们由城墙底部的涵道或水道连接，将污水排泄到城外壕沟中去。汉长安城的市区规划大致可分为宫殿、市场、作坊和居民区等。市场在城西北的横门附近；手工作坊有的设在皇宫之中，有的分布在城内西北角；居民区多分布在城的北部和东北部。此外，在未央宫北阙附近还有"蛮夷邸"，居住着外国、少数民族的首领、使者和商人。

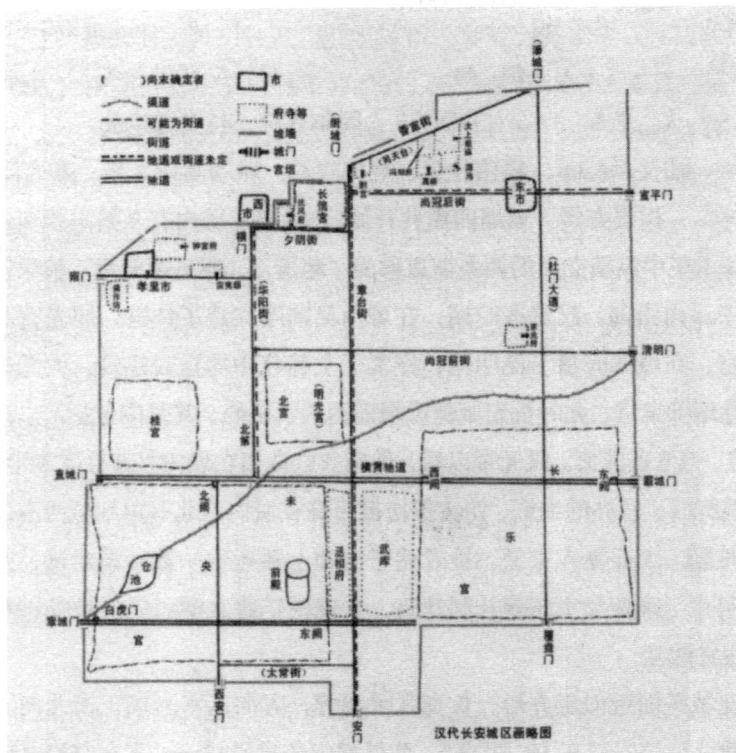

汉代长安城区画略图

萧何建石渠阁

汉高祖九年（前198年），汉相萧何很有远见地注意到了图书档案的重要性，把秦朝丞相府、御史府等重要官署的律令、图书收藏起来，在长安未央宫殿北建成了石渠阁，使之成为中国最早的中央档案中心。为了防火与保卫，

河南禹县双凤阙画像砖

石渠阁下用石头砌成了沟渠，用来盛水导水，石渠阁也因此而得名。由于汉高祖接受了秦朝毁灭图书的教训，推行"大收篇籍，广开献书之路"，又命萧何等国家重要大臣主持图书的整理、纂辑工作，石渠阁的藏书日渐丰富，保存了大批珍贵的典籍，汉代形成的档案后来也贮藏在这里。宣帝时著名的学者韦玄成、梁丘贺等还曾在这里讲诵经书，编撰史籍，经常有学者在此召开会议使石渠阁成为当时研究学术和修史的中心。石渠阁主要以研究经学为主，是具有学术研究性的专业藏书处，图书档案制度至此进一步发展。西汉末年，石渠阁被毁弃。

长信宫灯代表汉工艺的高峰

富有想象力和装饰性的青铜器，是夏、商、周和春秋时期美术成就的标志；到了汉代，青铜器皿的制作，尤其精美，制作者在注重它的装饰性的同时，也开始注意实用价值。以青铜为原料制作的长信宫灯，就是汉工艺美术在技巧上达到高峰的代表。

长信宫灯，1968 年出土于河北省满城县西汉中山靖王刘胜之妻窦绾墓，因为曾经置放在窦太后（刘胜祖母）居住的长信宫，故名。宫灯高48厘米，通体鎏金。灯体是一位踞坐掌灯的优雅恬静的宫女。宫灯设计极其精巧，灯座、灯罩、屏板及宫女头部和右臂都可拆卸，罩下屏板又能转动开合，用以调整烛光照度，灯盘有一柄，便于转动和

长信宫灯以宫女持灯为其造形。原为文帝皇后窦氏所有。

调整照射方向。宫女左手握灯盘的柄，右手握灯，十分巧妙地将右手袖设计成烟道，烟灰通过右臂纳入体内，减少了油烟污染。铜铸宫女，是一个面庞丰满、眉目清秀，情绪深沉，而带几分稚气的少女形象，脸部表情掩不住她的郁闷情绪；身着右衽宽袖长服，席地跽坐，其恭谨掌灯的姿态，透露出灯奴的屈辱身份。造型及装饰风格轻巧华丽，经得住从各个角度观赏，每个角度都自然优美，一改以往青铜器皿的神秘厚重，显得舒展自如，更接近人世生活。这是一件既实用，又美观的汉代青铜灯的珍品。

　　长信宫灯的出现，表明了秦汉以后的青铜工艺因铁器、漆器的出现和使用，从而转向轻便、精巧、实用的生活器用及观赏艺术品的方向发展。

汉武帝建造建章宫

西汉太初元年（前104年），武帝刘彻在长安城外、未央宫西侧兴建了大型的建筑组群——建章宫。建章宫周回30里，规模宏大，布局复杂，装修侈靡，规格超过未央宫，而且跨城筑有飞阁辇道，从未央宫直至建章宫。宫外则筑有城垣。

建章宫号称"千门万户"。从正门圆阙、玉堂、建章前殿和天梁宫形成一条中轴线，其他宫室分布在左右，全部围以阁道。中轴线上有多重门、阙，

正门是高25丈的璧门，属于城关式建筑。在璧门北边，有高25丈的圆阙，圆阙左有别凤阙，右有井干楼。进圆阙门内200步，就是建在高台上的建章前殿，气魄十分雄伟，比未央宫要高。

建章宫东面是高20余丈的东阙，西面是方圆数十里的虎圈，北面有泰液池，池边矗立20余丈高的渐台，池中有蓬莱、

"夏阳扶荔宫"砖文。夏阳是韩城古名，扶荔宫是汉武帝时修建的避暑名宫之一。扶荔宫内的遗物。

方丈、瀛洲三岛，南面则有玉堂等殿。另有神明台、井干楼高 50 余丈，各处都有辇道相通。其中神明台是祭金人的地方，有捧铜盘玉杯的铜仙人在承接雨露。泰液池则是一个相当宽广的人工湖，因池中筑有三神山而著称。三座山浸在大海般的悠悠烟水上，水光山色，相映成趣。池畔有石雕装饰，遍布水生植物，岸上禽鸟成群，生意盎然，开后世自然山水宫苑的先河。宫内还有占地面积很大的狩猎场，豢养众多动物。

建章宫的建造，创造出一种将宫殿、离宫别馆及苑囿结合在一起的新型宫苑。而泰液池"一池三山"的布局，开创了池内筑仙山园艺风格，常为后世皇家苑囿采用。如清代的圆明园，就是一例。

画功臣于麒麟阁

　　甘露三年（前 51 年）二月，汉宣帝见国强民富，天下太平，于是追思历年来股肱之臣的美德，命宫廷画家在未央宫中的麒麟阁摹绘 11 名功臣像，并署其官爵、姓名。霍光因为其儿子霍禹谋反而未署名。11 名功臣前后次序为：1. 大司马大将军博陆侯霍氏；2. 卫将军富平侯张安世；3. 车骑将军龙额侯韩增；4. 后将军营平侯赵充国；5. 丞相高平侯魏相；6. 丞相博阳侯丙吉；7. 御史大夫建平侯杜延年；8. 宗正阳城侯刘德；9. 少府梁丘贺；10. 太子太傅萧望之；11. 典属国苏武。

　　麒麟阁功臣像开后世为功臣画像的风气，这在绘画艺术方面推动了肖像画艺术水平的提高。

石渠阁会议召开·经学各流派兴盛

　　甘露三年（前 51 年）五月，汉宣帝刘询诏诸儒讲论五经异同于石渠阁，太子太傅萧望之等平奏其议，宣帝亲自裁定评判。

　　汉兴以来，儒家经典因师承不同，区分许多学派，究竟谁是正统，谁是旁门，因圣人已死，无从判别。故宣帝召开石渠阁会议，讨论"五经异同"，旨在加强认同，摒弃异端。经过讨论，宣帝亲自裁定评判，将梁丘《易》、大、小夏侯《尚书》、《谷梁春秋》立为博士。

　　《谷梁传》，又称《谷梁春秋》或《春秋谷梁传》，是阐释《春秋》的政治思想和内容的经传之一。《谷梁传》旧说鲁国谷梁赤所作，实际上是汉代以前历代儒家学者讲习《春秋》的议论的荟萃，整理成书的时间约在汉初。全书正文 23000 字，采用问答体形式，重点解说《春秋》的政治主张。自汉武帝"独尊儒术"，经学被确立为统治思想，经过宣帝的石渠阁会议对"五经异同"的讨论，经学统治逐渐加强，但经学内部存在不同派别的矛盾，很难形成统一的经学，当时解释《春秋》的，就有《公羊春秋》和《谷梁春秋》两派。武帝以董仲舒为代表的"大一统"理论的《公羊传》做为统治思想，《谷梁》派受到歧视，但因武帝太子（卫太子）喜欢《谷梁》，虽未立博士学官，仍允许传授。宣帝（卫太子之孙）即位，有意扶植《谷梁》派，引起《公羊》、《谷梁》两派矛盾激化。

　　宣帝为解决经学内部的纷争，召集石渠阁会议，结果除原有博士学官外，增立《谷梁春秋》为博士学官，从此博士由通古今的皇帝顾问转变为以教学授经为主。西汉博士对经学的建立和发展起了重要作用，对后来的经学传播产生了举足轻重的影响。

汉代宫苑兴盛

  时至汉代，我国的园林建筑史已走过一千多年的漫长历程，由于经济发展，国力强盛，西汉中叶宫苑建设十分兴盛，达到了前所未有的高峰。

  早在商代末年，苑囿就开始出现，并成为了后世以风景名胜为背景，建

西汉镶黄玉鎏金铺首

构楼、阁、亭、榭的观赏性建筑的滥觞。秦代通过征服六国的战争，掠夺了大量的财富，掳获了大批工匠，因而大兴土木，以满足帝王的侈靡生活的需要，在与六国的战争中，每灭一国，就仿照其宫殿样式在咸阳建造同样的宫殿，形成了高低错落、绵延数十里的六国宫殿这一庞大的建筑群，成为战国以来各国建筑技术的大展览、大交流，是当时关东与关中文化交流的结晶，推动了建筑和文化的巨大进步。在此前提之下，秦始皇构筑了咸阳宫、阿房宫、甘泉宫等大量的离宫别馆，形成了秦代宫苑高、大、多的风格和恢宏的气势。

西汉最初几代统治者，生活相对简省，经一百多年的休养生息，国力空前鼎盛，好大喜功的汉武帝开始大兴土木，使得离宫别馆遍布京畿，总数达340所之多，远超过秦代关中宫苑的数量。在建筑艺术上除继承秦代以外，又有新的发展，汉代宫苑表现出壮丽无比的特有风貌。

汉代比较著名的宫殿有长乐宫、未央宫、建章宫等。长乐宫是西汉最早营建的宫室，宫城20里，开四门，其主体是前殿，十分阔大，秦阿房宫的12个铜人被移置殿前，宫内还有许多小殿，如临华、温室、长信、长秋、永寿、永宁等殿。未央宫在此基础更有发展，规模和气势也有所

西汉鎏金兽面铺首

扩大。最能代表西汉宫殿建筑风格的是武帝时所建的建章宫。它周长30里，有阁道跨城与未央宫相通。建章宫"千门万户"，前殿高于未央宫，东面有高20多丈的东阙，西有数10里的虎圈，北面有泰液池，池中有蓬莱、方丈、瀛州三岛，池边有20多丈高的渐台，它规模宏大，布局复杂，创造了一种将宫殿、离宫别馆及苑囿结合在一起的多功能新型宫苑，这种在水池中构筑蓬莱三岛仙山神境的园艺风格，开创了皇家苑囿的建筑典范，为后世所效法。建章宫及西汉所有宫苑内部装修十分侈华，宫殿选用有香味及美丽木纹的木料制作栋椽梁柱，加以雕刻彩绘，用玉石做柱础、门窗口。玉珰钉椽头，瓦当已由战国时的半圆形变为圆，图案多样，装饰式样丰富，门拉手为黄金制作，形如兽面，口衔圆环，地面呈朱红或青灰色，经磨光处理，有些铺有素面砖和花砖，甚至涂有漆，墙面有墙衣或彩绘，后宫以椒粉、胡粉粉刷，用黄金釭修饰的壁带显得华贵无比，还把玉璧、明珠用绳串连悬挂于墙面，室内陈设异常考究。这些色彩绚丽，装饰华丽的宫殿和巍峨宏伟的苑囿一起构成了西汉宫苑与秦代宫苑相区别的壮丽美的风格。但总体来说，汉代宫殿建设有

未央宫遗址。位于陕西西安西北郊汉长安故城南部。西汉主要宫殿遗址之一。

随意性，不似明清宫室有规律整齐。

汉代苑囿不仅数量、内容大为增多，而且范围广阔，往往绵延数百里，除离宫、别馆外，还有大片的自然风景，具有独特的自然景观和人工园林。其中当以上林、甘泉两苑最为著名。上林苑在秦上林苑基础上开辟，苑内有十个烟波浩淼的水池，其中最大的昆明池周长40里，汉武帝曾在此训练水军，苑内有许多山，内建离宫70所，方圆数百里，能容千乘万骑，不仅可供游乐，还可组织军事训练和进行农副业生产，功能十分完备。而甘泉苑却是苑山茫茫，极富野趣。

与西汉相比，东汉宫苑无论数量和规模都相差甚远，皇家圆囿仅10多处，但在结合和利用自然地形、节省人力费用方面却成就显著，表现出高超的技艺。显然，这是由其社会稳定程度和财力所决定的。

在两汉，不仅皇家宫苑规模宏大，数量繁多，贵族、大臣、富豪也纷纷效仿，建造了许多规模宏大、风格各异的私家园林。皇家和私家园林的大规模建造，造就了两汉宫苑兴盛的局面。

汉代灯具造型精美

两汉时期，我国的灯具制造工艺有了新发展，对战国和秦的灯具既有继承，又有创新。

灯具是由烛台脱胎而来，但并未完全取代烛。我国最晚在战国时期就已经开始使用灯具照明，各地战国墓中出土了不少形状各异的灯具。秦代灯具可见一些文献记载，可知当时已出现宫灯、多枝灯等精致独特的灯具。

汉代灯具在前代基础上有了很大发展。从形式上看，除原有的座灯外，又出现了吊灯；从质地看，在陶灯、青铜灯之外新出现铁灯、玉灯和石灯，

汉代豆卮组合灯

汉代雁鱼灯。灯罩为弧形屏板，上部插入鱼腹下的开口，下部插入灯盘内，可左右转动开合，任意调节光度。烟雾通过鱼和雁颈导入雁体内，以防烟雾污染。设计达到功能与形式的统一。

其中以青铜灯具最为多姿多彩，出土的灯的数量显著增多，这说明它的使用已经相当普及了。这一时期灯具造型丰富多彩，有塑造人物形象的"宫女"灯、"当炉"灯、"羽人"灯、"男奴"灯等；有创造动物形象的牛形灯、羊尊灯、朱雀灯、凤鸟灯、雁足灯、鹤龟灯、麒麟灯、鱼灯、龟灯、蟾蜍灯等；有模拟器物形态的豆形灯、盒形灯、卮灯、耳杯形灯、辘轳灯、三足灯等；此外，还有多枝灯、行灯等。汉代的灯具造型取材广泛，制作精良，无论是人物、动物还是器物形态都栩栩如生，达到绝妙的境界。

两汉的灯具制造取得了前所未有的成就，在制造上体现了科学性和艺术性的高度统一。如满城西汉中山靖王刘胜夫妇墓出土的鎏金长信宫灯，形态为宫女跽坐持灯，通高48厘米，通体鎏金，由灯盖、烟道、炉具、灯座、灯

朱雀灯。灯盘、朱雀和盘龙三部分系分铸，朱雀的嘴部和足部均留有接铸痕迹。此灯造型优美，结构合理。

了解历史丛书

代表中国皇室文化艺术的50座帝王宫殿

盘和灯罩6部分分铸而成，各部分都可拆卸，整体设计合理，在采光、省油、避风、除垢等方面都是科学的，加之造型生动美观，表明汉代灯具制作达到极高的艺术水平。汉代流行多枝华灯灯具，一般为一个灯座上支撑着高低错落的几个或十几个灯盏，有的青铜多枝灯可以置上卸下，使用十分方便。多枝灯大大增加照明亮度，不仅更加适用，而且是精美的工艺品。《西京杂记》中就记载了皇后赵飞燕接受女弟合德昭仪馈赠贺礼"七枝灯"。较之前代，汉代还出现了吊灯灯具，可用于悬挂，使用起来相当方便。

　　总之，两汉时期的制灯工艺在前代基础上取得很大进步，已日臻纯熟，达到很高水平。

曹操作铜雀台

　　建安十五年（210年）冬，曹操在邺城（今天河北临漳西南）修筑铜雀台，以供自己享乐之用。铜雀台台址位于邺城西北，高十丈，台上建有房屋一百二十间，非常奢侈富丽，是著名的古建筑群，是"曹魏三台"之一（其余二台为金凤台与冰井台）。铜雀台建成后，曹操率诸子登台，每人写作一篇赋来庆贺。铜雀台到明末被漳河冲毁。这座曾作为炫耀功勋与权利的建筑群虽然随时光流逝而成为陈迹，但是它仍通过文学作品保留下神秘而富丽的光彩。

汉建安二十五年，即魏黄初元年（220 年）正月，曹操病死，儿子曹丕继位为魏王。

十月十三日，早已徒存名号的汉献帝刘协被迫将象征皇位的玺绶诏册奉

魏文帝曹丕像

交曹丕，宣布退位。曹丕照例三让之后于同月二十九日升坛受禅，登上皇帝的宝座，因原为魏王，故改国号为魏，建元黄初。十一月一日，曹丕封刘协为山阳公，允许行使汉朝正朔和使用天子礼乐。同时追尊曹操为武皇帝，庙号太祖。此外授匈奴南单于呼厨泉魏国玺绶，并赐青盖车、乘舆等。十二月，定都洛阳。

魏受禅表碑

　　曹丕趁改朝换代之际，对职官制度进行了若干重要改革。代汉之前，已颁布了陈群所立的九品官人法，严禁宦官干政。称帝后，改相国为司徒，御史大夫为司空，由此恢复了被曹操于汉建安十三年（208年）废除的三公官制（太尉、司徒、司空）。而此后司徒、司空位号虽尊奉，但一般不干预朝政。曹丕又改设秘书省为中书省，置监令，主管通达百官奏事，起草诏令，以此分掉尚书部分权力，改变东汉后期尚书权职过重的现象。稍后又颁诏禁绝后族辅政，以革除东汉外戚专权的弊病。这些改革都在一定程度上加强了君主专制，在职官制度史上产生了深远的影响，如三省制中的中书置省，就是曹丕创设的。在经济方面，曹丕继续推行屯田制，重视水利建设。总之，曹丕称帝代汉后，魏国实力进一步增强。

魏晋宫室定形

魏晋时期，各代皇室纷纷大兴土木，兴建皇室宫殿，并逐渐沿袭到以后的各个朝代，成为我国古代皇宫建筑的典型风格。

建安十八年（213 年），曹操被封为魏公，建立魏国，都城设在邺城。当

三国重列神兽纹镜

蜀陶屋模型

时，曹操的宫殿还是比较简朴的。黄初元年（220年），魏文帝曹丕接受汉献帝禅让后，迁都至洛阳，仿照邺城皇宫的建法，在东汉北宫故址上建造洛阳宫。依然较为简朴，到了青龙二年（234年），魏由于西蜀丞相诸葛孔明的病故，朝廷上下顿感压力锐减，由此开始了豪华奢侈的宫殿建造风气，并奠定了魏晋南北朝皇宫建筑的基本格局。这个格局由三部分组成，从南往北，依次是前朝、后宫及禁苑，前朝的主殿是太极殿，并在太极殿的东西两侧各建立一朝向相同但规格略低、体积略小的宫殿，称为东西堂。在后宫建有昭阳、徽音、含章等殿舍，作为贵人的居住区，并在后宫的北边建立八坊，作为贵人以下才人的居住区。除前朝和后宫之外，还在后宫北边芳林园中建造土山，称作景阳山，又名华林园。

魏晋时期宫室建筑的定形，与政治是有一定的依附关系的。从魏到两晋，各代的皇权更换均以禅让为其特点，因此各代皇室均采用前朝的宫室格局，其中虽然有增减变化，但整个宫室的布局大体上是不变的。其次，各代兴建皇宫，均以魏文帝兴建的洛阳宫为模型。

司马炎称帝改制

泰始元年（265年）十二月十三日，司马炎设坛南郊，燔柴告天，逼迫魏帝曹奂退位，自称皇帝。司马炎，字安世，司马昭长子，逼迫曹奂退位后，封其为陈留王，改魏为晋，史称西晋，改元泰始，建都洛阳。本年十二月司马炎分封宗室二十七王，把司马氏宗室都分封为王。司马炎泰始分封，基本上承后汉之旧，君国而不君民。王国地不过一郡，王国的相由朝廷任命，与太守无异。国中长吏由诸王自选，财政不能自己擅作主张。同年十二月十九日，置中军将军以统御宿卫七军。又置谏官，以规劝皇帝。泰始二年（266年）十二月，因屯田制难以继续，晋武帝司马炎下诏书命令罢农官，改农官为郡太守或县令，正式废除民屯，其所辖的屯田区即改属相应的郡、县，屯田民一部分转化为国家的编户，一部分成

晋武帝司马炎像

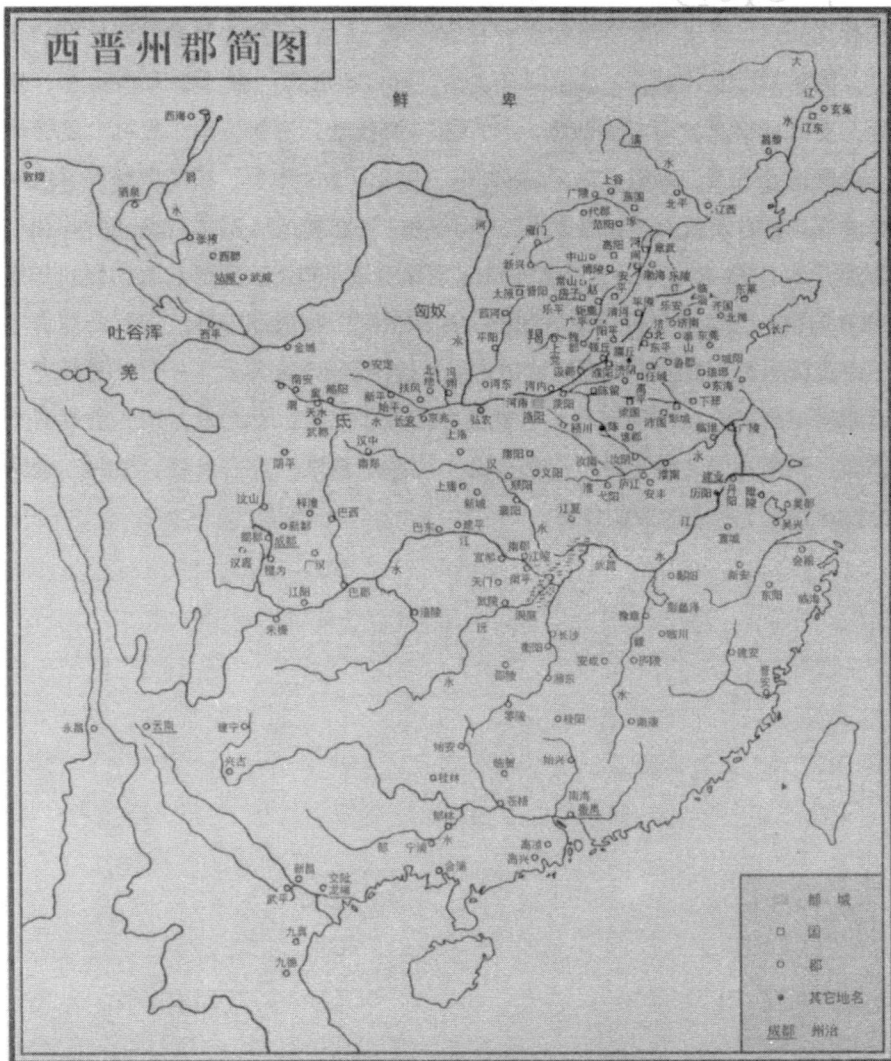

西晋州郡简图

鲜卑

匈奴

吐谷浑

羌

氐

为私人的佃客。司马炎罢农官以及屡次责令郡县官劝课农桑，严禁私募佃客，在客观上起了促进生产发展的作用。泰始四年（268 年）正月，贾充主持修订的新律修成，依汉律 9 章增 11 篇，合 20 篇，620 条，都是稳定性的条文，以正刑定罪，不入律的临时性条款，都以令施行，律、令共 2926 条，此外，又以常事品式章程为故事，各归本官府执掌。晋律、令、故事，成为后世法律形式范本。泰始二年（266 年）、四年（268 年），司马炎屡次下诏书责成地方官必须致力于省徭务本，并力垦殖，务必使地尽其利，禁止游食商贩。泰始五年（269 年）十月，汲郡太守王宏执行政策得力，引导有方，督劝开荒5000 余顷，在饥荒年许多地方粮食欠缺的情况下独汲郡不缺，为此司马炎特下诏表彰王宏，鼓励天下官民垦田。晋泰始四年（268 年）十一月，司马炎下诏要求王公卿尹及郡国守相，举贤良方正直言之士。十二月，颁五条诏书于群国：一正身，二勤百姓，三托孤寡，四教本息末，五去人事。至此，司马炎大致完成了称帝改制的任务。

司马炎诏造六宫

晋泰始九年（273 年）七月，晋武帝发布诏书，号令天下公卿以下的人家准备女儿入选六宫，如果有故意隐藏不报或者是逃避者都以不敬论罪。一时间天下哗然，有女儿的人家每天都诚惶诚恐、提心吊胆地过日子。

在选美入宫过程中，晋武帝非常喜欢卞氏女，想选她入宫充当妃子，杨皇后告诉晋武帝卞氏三世都是皇后世家，地位显贵，千万不能把她入选进宫，否则有辱尊贵，而且她也不可如此屈从这种卑位。晋武帝听后大怒："我堂堂一国之主，我想要的谁也阻拦不了我！"他不再要杨皇后选美，而是亲自去挑选合适的女子，在一大群待选女子中，晋武帝看中了的就在手臂上以红纱缠绕，凡选上的女子，如果是公卿之女则封为三夫人，如果是九嫔、二千石、将校以下之女补良人以下。

晋武帝如此选美，使得当时社会的许多人家不再愿意生女儿，在应诏入选的强大社会压力下，许多女子穿破衣服，故意将容貌搞得污秽不堪借以逃避入选六宫的厄运。晋泰始十年（274 年）三月，晋武帝诏取良家及小将吏女五千人入宫挑选，母女号哭于宫中，声闻于外。

司马睿称帝·东晋建立

太兴元年（318年）三月，晋愍帝遇害的消息传到建康，晋王的臣属纷纷上表劝司马睿即皇帝位。十日，司马睿于建康即位称帝，这就是晋元帝。东晋王朝正式建立。司马睿宣布大赦天下，改元太兴。文武百官都官升二级。

永嘉元年（307年）七月，朝廷命镇守下邳（今江苏睢宁西北）的琅琊王司马睿移镇建邺（今江苏南京），又命王衍弟王澄为荆州都督，族弟王敦为扬州刺史。

建兴四年（316年）十一月，愍帝出降刘聪，西晋灭亡。317年三月九日，司马睿称晋王于建康，改元建武，本年称皇帝，改元太兴。

东晋政权是西晋门阀士族统治的继续和发展。司马睿能在江南重建和中兴晋室，北方士族王导、王敦等琅琊王氏起了很大作用。王导（276—339年）更是东晋政权的奠基人，当时被称为"江左管夷吾"。

永嘉（307—313年）之乱后，民族矛盾上升为社会主要矛盾，社会关系出现了

司马睿像

新的变化。因此，在江左建立的东晋政权不仅是门阀专政的工具，同时也反映了汉民族利益的某些特征，所以"中州士女避乱江左者十六七"。士族门阀的代表人物王导在东晋政权建立以前就清醒地观察了局势，他知天下已乱，遂倾心推奉司马睿，"潜有兴复之志"（《晋书·王导传》）。这显示了他超群的政治远见和抱负。司马睿刚到建邺时，由于他在晋宗室中的名望并不太高，江南士族对他比较冷淡。王导知道要在江南重建政权，没有当地士族支持是不可能立足的，而要帮助司马睿在江南兴复晋室，必须先提高他的威望。王导于是与族兄王敦共同策划，利用三月初三当地节日机会带领北来士族名流，骑马拥从着司马睿的肩舆，进行一次声威浩大的巡游。江南名士纪瞻、顾荣等看到司马睿这种威风，都惊恐地跑到路旁拜见。王导又以司马睿的名义登门拜访贺循、顾荣等，请他们出来做官。顾荣又向司马睿推荐了不少江南名士，出现了"吴、会风靡，百姓归心"的局面。司马睿总算是在江南站稳了脚。

司马睿能成为东晋的创业主，主要依靠了王导、王敦等北方门阀的"同心翼戴"。司马睿用王导建议，以渤海刁协、颍川庾亮等百余人为掾属，称为"百元掾"，列入门阀谱。而王导、王敦等琅琊王氏一门更"特受荣任，备兼权重"。王导"内综机密，出录尚书，杖节京师，并统六军"，掌握中央军政大权；王敦则手握重兵，驻节荆州，都督中外诸军事，掌握军事征讨大权。王氏的群从子弟，也都"布列显要"担任要职。在举行皇帝登极大典时，司马睿竟让王导同他一起"升御床共坐"，共受百官朝拜，因王导再三推辞才罢。当时人把王导、王敦与司马睿的这种关系，形容为"王与马，共天下"。就是说，南渡士族之首的琅琊王氏与司马氏共同重建了晋室，共同享有东晋天下。东晋王朝共经历11帝，历时104年，司马氏先后与王、庾、桓、谢四大士族"共天下"。

石勒称帝·建立赵国

永嘉六年（312年）石勒领军攻占襄国、冀州等周围郡县，被汉王刘聪任命为"都督冀、幽、并、营四州诸军事"的"冀州牧"，又封为"上党公"。石勒开始以襄国为据地屯积粮草，招兵买马，图谋大业。建兴二年（314年），石勒在幽、冀诸州清点人口，征收租赋，但比西晋所征减轻一半。太兴二年（319年），石勒称王，下令禁止酿酒，郊祀宗庙时用醴代酒。又派遣官吏巡视各州郡，劝课农桑。规定劝课农桑的成绩较好者，赐爵五大夫，因此中原农业生产得以逐步恢复，石勒势力强大起来，国境也不断扩大。咸和五年、后赵太和三年（330年）二月，后赵群臣请石勒即皇帝位，于是石勒自称大赵天王，行皇帝事，立世子石弘为太子，立妃刘氏为王后。任命另一子石宏为骠骑大将军、都督中外诸军事、大单于，并封为秦王；任命石虎为太尉、尚书令，封为中山王。同年九月，石勒正式称皇帝，改元建平，以石弘为皇太子，其他文武大臣都封赏有差。

石勒继位后，下诏命令公卿以下官员每岁举选贤良方正，以广求人才。后赵继续实行九品官人制度。又在襄国设立太学、小学，选取将佐豪右子弟入学教育，在各郡国设置学官，每郡派博士祭酒一人，收弟子150人，授以儒学经典。从此后赵国力大增。全盛时期，其管辖境地南逾淮河，东滨大海，西至河西，北接燕、代。除辽东慕容氏、河西张氏外，北方地区尽属后赵，隔淮河与东晋对峙。

后赵疆域图

魏道武帝持续改革

拓跋氏原是一个处在落后的家长奴隶制社会的游牧部落。道武帝拓跋珪建北魏后，解散了原来的氏族组织，使氏族成员们分土定居下来，成为国家的编户齐民，由此血缘关系的氏族变成地缘关系的编户。他还设置了八部帅监督户民，劝课农桑，使奴隶制社会迅速向封建制社会转化。

为了推进拓跋氏的汉化过程，拓跋珪重用汉人河北清河大族崔宏，帮助制定各项制度。皇始元年（396年），拓跋珪开始建置百官，封拜官爵。第二年，又分置尚书三十六曹，并令全国研读五经诸书，置博士、国子学生 30

北魏陶牛俑。赶车俑为汉人形象，牛车也与中原地区常见的牛车形制相似，这反映了中原地区与北部少数民族地区的交往。

人，为国家培养人才。同年，拓跋珪迁都平城，开始营建都城，建宗庙，社稷，正封畿，制郊甸，标道里。魏天兴六年（403年），拓跋珪命令有司根据官吏的品位、级别，制作不同的朝服、冠冕，使礼乐、等级制度逐步建立起来。天赐元年（404年）八月，拓跋珪仿汉族六卿之制，设立六竭官；九月，又对官品爵位制度进行改革。他在昭阳殿引见文武朝臣，亲自考选，随才授任，将爵位定为王、公、侯、子四等。皇子及异姓功勋卓著者封王，宗室及藩属王降为公，以此类推。官品共九等，王、公、侯、子为前四品，以下散官共五等，文武百官中才能优异者予以擢拔。天赐元年十一月，拓跋珪又下令在宗室置宗师，在八部中置大师、小师，州郡中也置立师，目的是举荐人才。天赐三年（406年）一月，拓跋珪又命人制定地方官制度，每州置刺史3人，官六品，其中宗室1人，异姓2人，相当于古代上、中、下三大夫；每郡置太守3人，官七品；每县置令长3人，官八品。刺史、令长必须到所辖州县处理事务，太守因为上有刺史、下有令长，虽设而没有实际事务。这样，北魏的职官从中央到地方都完全按照汉制的九品中正制执行。

道武帝拓跋珪一生持续改革，对北魏的建立和强大至关重要，并为北魏孝文帝拓跋弘进行大规模汉化改革起到鸣锣开道的作用。

夏筑统万城

　　赫连勃勃建立的夏，以不设都城而著称。然而，在获得后秦的大片土地，国力逐渐强盛后，为了对付主要敌人——世仇魏拓跋氏的进攻，勃勃于凤翔元年（413 年）三月，命叱干阿利为将作大匠，征发岭北胡、汉各族 10 万人在朔方水山、黑水之南（内蒙古乌审旗南白城子）筑城作为临时都城。

　　阿利虽精于设计，但脾气暴燥，性情残忍。他命令筑城工匠用蒸熟的土

统万城遗址。俗称白城子，十六国时期大夏的都城。

筑城，筑完后检查，如果用锥子能扎入一寸，就杀掉筑城者，并把尸体也筑到城墙中去，因此，城墙筑得非常坚固，硬得可以磨砺刀剑。城筑好后，赫连勃勃自称"朕方统一天下，君临万邦"，故取名为"统万"。统万城高10仞，基厚30步，上广10步，宫墙5仞。城内台榭高大，飞阁相连。城开四门，东为"招魏"，南为"朝宋"，西为"服凉"，北为"平朔"。如此取名，表明赫连勃勃有统一天下的野心。可惜，统万城在赫连勃勃死后的第二年，也就是宋元嘉二年（425年），即被北魏拓跋焘攻占。

魏迁都洛阳

魏太和十四年（490年），冯太后死，魏孝文帝开始亲政。他亲政后办的第一件大事，就是把都城从平城迁到洛阳。

北魏自天兴元年（398年）定都平城以后，经过近百年的时间，形势发生了很大的变化，平城作为都城已不适合：经济上，平城交通运输不便，在人口日益增加的情况下，粮食常发生困难；军事上，平城地处边境，北受柔然的威胁，经略南方又显得太远；政治上，由于各族人民不断地反抗，北魏统治者迫切要求同汉族地主进一步合作。为此，北魏需要进一步消除民族界限，实行汉化政策。但在鲜卑族集中的平城，推行汉化阻力很大。加上孝文帝自幼受冯太后汉文化教育，对中原正宗汉文化心向往之，当政之后，推行汉化政策，终觉平城地处边疆，离中原遥远，所学难得精髓。由于这些原因，孝文帝决心把都城迁到洛阳。太和十七年（493年）八月，孝文帝准备迁都，又恐群臣不从，乃以南征为名，率20万大军南下，派太尉拓跋丕、广陵王拓跋羽留守平城。九

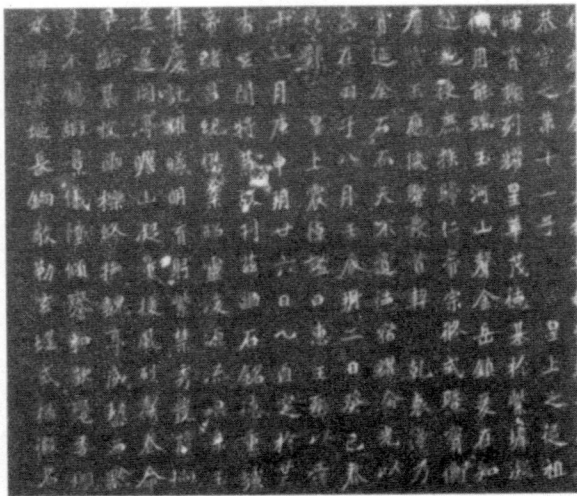

北魏元桢墓志铭，其中"元"即汉姓。这是迄今发现最早的方形墓志，又是隶书向楷书转变时期的代表作，为北魏墓志中的精品，历来受人们的珍视。

月大军到洛阳，大雨连绵不止，天气极为恶劣，孝文帝假装令诸军继续南伐，群臣跪在马前劝阻，孝文帝对群臣说："此次出兵费事费钱，劳而无功。苟不南进，当迁都于此，王公同意否？愿迁者站在左边，不愿者站在右边。"许多老臣虽不愿迁都，但惮于南伐，于是没有人反对，迁都之事定了下来。尚书李冲以为洛阳尚需修整，请孝文帝先回平城，待修建完毕再迁来洛阳。孝文帝立志迁都，不想再归回平城，于是到洛阳附近的邺暂住。并令任城王澄回平城，告诉留守官员迁都之事，留守官员至此，始知迁都之事，无不惊骇。经王澄反复陈述、开导，众人始服。

太和十七年十月，李冲与将作大匠董尔按南齐朝城建康的格式来建造洛阳。孝文帝于滑台（今河南滑县）城东设坛，禀陈祖宗迁都之意。

太和十九年（495 年）九月，平城六宫、文武百官及百姓全部迁居洛阳。从此，北方进入一个民族融合、文化融合的新时期。

宇文泰仿古建六官

　　西魏恭帝三年（556 年），大丞相宇文泰接受苏绰、卢辩建议，开始仿照《周礼》官制，实行复古色彩的六官制度。六官，指天官、地官、春官、夏官、秋官、冬官六府机构。天官府，设大冢宰卿一人为长，小冢宰上大夫二人为副。北周初，五府总于天官，大冢宰成为百官之长，相当于宰相之职。后，武帝亲掌军政大权，大冢宰无权统辖五府，成为宫廷事务总管；地官府设大司徒卿一人为长，小司徒上大夫二人为副负责土地、户籍、赋税等事务；春官府设大宗伯卿一人为长，小宗伯上大夫二人为副，负责礼仪、祭祀、历法、乐舞等事务；夏官府设大司马卿一人为长，小司马上大夫二人为副，负责军政、军备、宿卫等事务；秋官府设大司寇卿一人为长，小司寇上大夫二人为副，负责刑法狱讼及诸侯、少数民族、外交等事务；冬官府设大司空卿一人为长，小司空上大夫二人为副，负责各种工程制作事务。

　　六官之制成为北周王朝中央政府主要组织形式，直至隋文帝杨坚代周称帝，于开皇元帝（581 年）恢复晋以来发展形成的三省制度，六官制才被废除。

北周陈海龙等造四面像碑。该碑为四面造像，正、背面各雕造像三层。正面每层一主龛，两旁各四小龛，计佛、弟子像十三尊，三层共计三十九尊。其上层与中层主龛内为立佛，下层是坐佛。主像两旁站有二弟子。上层佛头破损。其余小龛均为坐像。主佛螺发高髻，两肩窄小，身披袈裟。或坐或立或侧身，面目慈祥微笑。雕刻精细，线条流畅自如。

陈霸先建陈

陈霸先（503年—559年），字兴国，小字法生，原籍颍川，南渡为吴兴长城（今浙江长兴）人。从小家庭贫寒，却好读兵书，初仕乡为里司，后至建康，为油库吏，后为新喻侯萧映传教。萧映当时是广州刺史，于是陈霸先随萧映来到广州，为中直兵参军。因陈平乱有功，被提拔为西江督护，高要太守，不久又因平交州李贲乱事有功，梁武帝萧衍亲自召见他并授予直阁将军，封号新安子。侯景发动叛乱时，陈霸先募集士卒3万人，与王僧辩联合讨伐侯景，平定叛乱后，又因功受赏，以功为司空，领扬州刺史，镇京口。

西魏破江陵时，萧绎（梁元帝）死难，陈霸先与王僧辩其迎晋安王萧方智为帝（梁敬帝），北齐趁江南动荡，以大兵临江，强迫被北齐俘虏的贞阳侯肖渊明替代萧方智为帝。王僧辩在这种危急的情况下惧怕北齐过江，加上他有自己个人的打算，所以接受了北齐的要求，当然他这种举动遭到了江南人民的强烈反对。

就在此时，陈霸先乘机从京口

陈霸先像

起兵偷袭石头城，杀死王僧辩，废掉已被王僧辩拥立的萧渊明，重新拥立萧方智为帝，自此以后，陈霸先是借自己的文韬武略，有力地击却了北齐的南下侵略，铲平了王僧辩余党的反叛行为，在自己地位巩固后，陈霸先矫诏封自己为陈公，不久以后，又进封自己为陈王，557 年陈霸先在十月六日，逼迫自己拥立的萧方智让位于己，梁朝至此灭亡，共历四帝 56 年。十月十日，陈霸先称帝，国号陈，建元永定。

杨坚灭宇文氏建隋

杨坚出身于关陇名门贵族，他的女儿嫁给周宣帝作皇后。大象二年（580年），宣帝死，静帝年幼无力统辖朝政。在山东士人李德林和高颎的帮助下，杨坚入宫辅政，被称为大丞相，总理朝政大小事宜。

杨坚入宫后，身体力行革除宣帝时期许多苛政峻法，制订了《刑书要制》，准许汉族人放弃鲜卑族而恢复自己原来的姓氏，他还提倡国民必须节俭才能强国富民。这些举措都对久处于纷乱艰辛的人们予以莫大的希望，顺民意、合民心，取得了人民的信任和拥护，在推行政举的过程中取代北周宇文氏的迹象更加明显。

北周贵族眼见自己的朝廷逐渐被杨坚所掌握，不甘失败。赵王招、陈王纯、越王盛、代王达、滕王五王会集长安，企图在宴会上暗暗埋伏士兵将杨坚杀死，杨坚不知是计，只带了大将杨弘、元胄前去。席间，赵王几次下手，幸亏元胄舍命相救杨坚才脱险。后来，杨坚以谋反罪将五王全部杀死。自581年二月开始，杨坚听从宰相虞

隋文帝杨坚像

庆则的建议，要消灭北周宇文氏皇族以求消除隐患，于是便大开杀戒。五月二十三日，为断绝北周皇统，巩固自己的统治，秘密杀害了周代的末代皇帝、隋介国公宇文阐，宇文阐当时只有 9 岁。

大象三年（581 年），杨坚废周称帝，改国号为隋，改纪年为开皇元年，定都长安，史称隋文帝。杨坚利用种种手段就此实现了他改朝换代的夙愿。

隋造仁寿宫

　　隋开皇十三年（593年）二月，隋文帝杨坚命令杨素造仁寿宫。杨坚命令在岐州（今陕西凤翔）之北营建仁寿宫，以杨素监修、宇文恺为检校将作大匠，封德彝为土木监。平山填谷建造宫殿。

　　工程浩大，役使严酷，丁夫疲惫不堪，死者数以万计。杨素等用尸体填坑坎，上面再盖上土石，筑成平地。开皇十五年（595年）三月，仁寿宫建成。杨坚先令高颎巡视，高颎奏其奢华，大损人丁。杨坚亲自巡视，当时天气炎热，役夫中许多人因为过度劳累而死，其尸体就陈于道路上，杨素下令全部焚烧掉。杨坚听说后很不高兴，等到了仁寿宫，见宫殿建筑壮丽，楼台亭榭，宛转相连，便怒斥杨素说："杨素竭民力为离宫，为吾结怨天下！"第二天，独孤后对杨坚说："公知吾夫妇老，无以自娱，盛饰此宫，岂非忠孝！"于是，杨坚不再追究杨素，并赐钱百万，锦绢三千段。

隋代开始凿运河·沟通南北交通

隋大业元年（605 年），开始凿运河。

隋朝为了巩固政权和统一的局面，在政治上要进一步控制新统一的东南地区，加强对南方的统治；在军事上在东北部涿郡（今北京）建立据点，要把军需物资输送到北方；在经济上，隋朝在长安和洛阳等地区集中了大量的官吏和军队，需要充足的粮食供应，如何解决南粮北运，是隋王朝亟待解决的问题。利用天然河流和旧有渠道，开凿横贯诸水、贯通南北的运河，是当时解决上述问题的好办法。当然隋炀帝开运河还有他怀恋江都（今江苏扬州）

至今仍在发挥作用的无锡运河穿城而过，河上舟楫往来，一片繁荣景象。

古运河上石柱

杭州古运河的第一桥——拱辰桥

扬州段运河

的繁华，想去巡游享乐的个人动机。

隋朝大运河的开凿始于隋文帝时代，当时引渭水从大兴城（即长安城）到达潼关，长达300里，名广通渠。隋炀帝修建的大运河，工程分4段进行。大业元年（605年），隋炀帝征发江南、淮北100多万民工，在北方修通济渠，从洛阳西苑通到淮河边的山阳（今江苏淮安）。同年，又征发淮南十几万劳动力，把山阳邗沟加以疏通扩大。大约用了半年的时间，邗沟——一条宽40步的运河修成了。河的两岸修筑成御道，沿路榆柳夹道，又是陆路交通线。接着，从通济渠向北延伸。大业四年（608年），征发河北民工100多万人开永济渠。这条河主要利用沁水的河道，南接黄河，北通涿郡。大业六年（610年），在长江以南开了一条江南河，从京口（今江苏镇江）引江水穿过太湖流域，直达钱塘江边的余杭（今浙江杭州）。前后用了不到6年的时间，大运河的全线工程告成。

隋朝大运河沟通了海河、黄河、淮河、长江、钱塘江5大河流。它以东京洛阳为中心，西通关中盆地，北抵华北平原，南达太湖流域，通航的范围大大超过以往。这条大运河长达4.8千里，是世界上伟大的工程之一。

隋炀帝开运河给人民带来了沉重的负担和巨大的灾难。大量民工死在工地上，千百万人民妻离子散，家破人亡。但是，大运河修成后，南北交通有显著的改进，它成了南北交通的大动脉，加强了南北的联系，对于我国经济文化的发展起了很大作用。

隋炀帝大兴土木

　　隋炀帝继位后，从大业元年（605年）开始，就大兴土木，修建宫殿。并开掘运河，修筑长城，开辟驰道。

　　隋炀帝为了满足其骄奢淫逸的生活，大业元年（605年）五月，在东京洛阳西郊建造了大花园西苑。西苑周围200里，苑内挖了人工湖，名曰积翠池，周围十余里，池中有蓬莱、方丈、瀛州压三座山，三座山各相距300步，高出水面十余丈。在山上山下建筑回廊和各式亭台楼阁。积翠池的北岸有龙

　　敦煌隋代时期彩塑一铺。彩塑上的青、绿纹饰，洁白的肤色，同壁画上的红基调形成对比，形成热烈灿烂的效果。

隋代犊车。此车车篷为弧形，车厢建于车轴上，后有软帘。牛头上抬，翘起的两角向内弯成弧形。牛腿短粗，浑圆的腹部几乎垂地，显示了牛的肥硕劲壮。整个造型写实而生动。车式豪华，当为显宦之家所用，反映了墓主生前的生活。

鳞渠，迂回曲折流入池里。沿龙鳞渠建筑了长春、永乐、延光、明修、合香、承华、凝晖、丽景、飞英、流芳、耀仪、结绮、百福、万善、清暑等16院，每院由1位四品夫人管理。在各个院内，一年四季花木常青，秋冬草木凋谢以后，则剪锦彩为花叶。为了防止锦彩退色，随时要调换新花，保持春夏秋冬都有供玩赏的景物。隋炀帝喜好夜游，经常在月夜携带宫女数千人游西苑，令宫女在马上表演，弦歌达旦。十六院也互相竞争，以求得到炀帝的欢心。

炀帝为漕运、军事及游乐，从大业元年至六年（605—610年），前后发动几百万人，利用天然河道及旧有渠道，开凿了1条以洛阳为中心，纵贯南北，长4000—5000里的大运河。作为运河主体的通济渠，宽40步，以通龙舟，沿渠筑御道，植柳树，自洛阳至江都2000余里，柳荫相交。每2驿置1离宫，为沿途停顿之所，自洛阳至江都，离宫40余所。

大业二年（606年）二月，炀帝诏牛弘等仪定舆服、仪卫制度，令何稠营造。何稠博览图籍，参会古今，所制辂辇车舆，百官仪服，务求华丽，以称炀帝意。羽仪所需羽毛令州县送来，以至水陆遍布罗网，羽毛能用的禽兽都被捕杀殆尽。这次营造，用役工20万人，耗资以亿万计。炀帝每一次出游，羽仪填街溢路，绵延20余里。四月，制五品以上文官乘车，在朝弁服佩玉，武官马加珂，戴帻，服褶。文武之盛，前所未有。

大业三年（607年）五月，炀帝为了北巡，征调河北10余郡丁男凿太行山达于并州（今山西太原西北），以通驰道。又"举国就役"，从榆林北境，东达于蓟（今北京市），开广百步、长3000里的驰道。

大业三年（607年）七月，炀帝发丁男百余万筑长城，西起榆林（今内蒙古准格尔旗东北十二连城），东至紫河（今内蒙古南部、山西西北部长城外的浑河，蒙古语名乌兰穆伦河）。尚书左仆射苏威谏，炀帝不听。20天就完工了，筑长城的丁男死了十分之五、六。第二年，炀帝又发丁男20余万筑长城，自榆谷（榆林西）东伸。

炀帝"无日不治宫室"，长安、洛阳两京及江都宫殿已经很多，大业元年（605年）春，又命扬州总管长史王弘于扬子（今江苏仪征东南）造临江宫，渭南（今陕西）还有崇业宫，临淮（今安徽）有都梁宫，涿郡（今河北涿县）有临朔宫，太原有晋阳宫等等。但对炀帝来说，宫室虽多，日久而厌倦，每次想要游幸，左挑右拣，不知住何处去。于是亲自察看全国的山川形势图，特选风景幽美的地方再造宫苑。大业四年（608年）四月，命于汾州（今山西汾阳）之北营建汾阳宫。

　　隋炀帝在位期间，大兴土木，每项工程都迫使数十万至数百万人从事无偿劳役，有些工程如开凿运河有积极意义，但滥用民力，严重破坏生产，再加征敛苛虐，兵役繁重，人民受到深重灾难。从大业七年（611 年）起各地农民不断起义，隋朝迅速土崩瓦解。

重建长安城

在隋统一全国以前，西周、秦、西汉、新莽、前赵、前秦、西魏、北周等先后在长安城建设都城，隋文帝定都长安时，原有的西汉长安城宫殿破坏严重，布局零乱，供水严重不足。于是，隋开皇二年（582 年），隋文帝命左仆射高颎任总裁，命太子左庶子宇文恺制定规划，在原汉长安城东南重建长安城。

新长安城的建设于开皇二年（582 年）六月动工，先修筑城墙，开辟道路，建造宫殿，随后修建了坊市，次年三月即已初具规模。因隋文帝北周时曾被封为大兴公，故将新城命名为大兴城。经过隋一代的建设，新长安城已规模宏大且布局严谨。

整个长安城面积 84 平方公里，雄浑壮丽，功能分区明确，北临渭水，东依灞浐二水，交通运输便利。全城可分皇城、宫城和郭城三大部分，先建宫城，后建皇城，郭城则最后形成。郭城东西长 9721 米，南北宽 8651.7 米，城周长 36.7 公里，城墙夯土版筑，厚达 9—12 米，城外距墙三米处有宽 9 米、深 4 米的城壕。东、西、南各开三门，南门正中为全城正门——明德门，最为高大，有 5 个门道，其余各门为三个门道。城楼巍峨壮观。城内自南而北有六条岗阜，象征八卦中的六爻。

宫城包括太极宫、东宫、掖庭宫三部分，又称西内，位于全城最北部的正中，宫

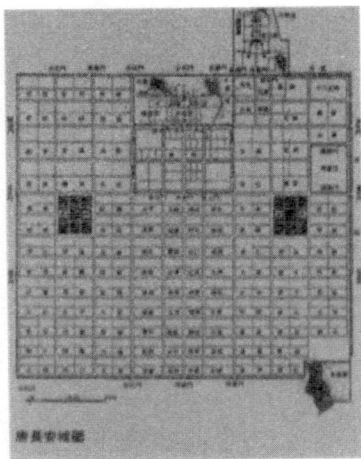

隋唐长安城图

城南北长 1492.1 米，东西宽 2820.3 米，墙基一般 18 米。宫城南部隔一条 220 米宽的大街即与皇城相接，这里是宗庙和军政机构所在地。有太庙、大社、六省、九寺、十八卫等建筑和官署。皇城内有东西向街道七条，南北向街道五条，宽达百步。

除了宫城和皇城以外，长安城内有南北并列的大街 14 条和东西平行大街 11 条，将全城划分为 108 个里坊和东、西二市，布置严整，经纬分明。街道宽一般在 35—65 米之间，最宽的达 100 米，为了便于排水，街面两旁建筑有宽 2—2.5 米、深 2 米的排水沟，沿街槐树成行成列。

由纵横的街道割裂而成的城中一百零八里坊是为了便于管理居民而设计建造。每个里坊都被高大的坊墙包围，大量的居民夜间被控制在里坊以内。各坊都布列有佛寺、道观和王府，它们都位于坊内的高岗处，极大地丰富了城市的立体轮廓线。

唐朝还将隋初对称布列皇城东南、西南的大兴城里的都会、利人二市改称东、西市，将手工业、商业店肆集中在这里，体现了我国古代城市规划的一大特点。两市成为唐代工商业活动、国际贸易、文化交流的重要场所。

作为隋唐两代的政治、经济、文化中心，长安城建筑宏伟，布局严整，功能完备，是当时世界上最大最繁荣的大都市之一。到唐末天复元年（901年），朱全忠强迫昭宗迁都洛阳，320 余年的国都长安被全部废毁。

大明宫建成

大明宫是唐朝宫殿，位于今陕西省西安市城北的龙首原上，在唐朝长安城的禁苑中。贞观八年（634 年）开始兴建，名永安宫，贞观九年（635 年）改名为大明宫，自龙朔三年（663 年）以后，是高宗以后的主要朝会场所。

据《太平御览》，大明宫所处地"北据高岗，南望爽垲，终南如指掌，城市俯而可窥"，是理想的建宫地。高宗显庆五年（660 年）武则天开始参与朝政，龙朔二年（662 年）命司农卿大兴宫殿，沿中轴线依次修筑大朝含元殿、宣政殿（日朝）、紫宸殿（常朝），在这三组宫殿的两侧及后部共建 30 余处楼台殿阁，并在大明宫北部依地形而凿太液池，池中作蓬莱山，沿池四周修建

麟德殿（模型）。麟德殿是大明宫内的一组华丽宫殿，是唐朝皇帝饮宴群臣、观看杂技舞乐和作佛事的地点。此殿位于大明宫西北部高地上，由前、中、后三殿组成。面宽十一间，进深十七间，面积等于明清故宫太和殿的三倍。

四百间周廊，形成大明宫的宫苑区。

　　大明宫的正殿为含元殿，位于丹凤门正北龙首原的南沿上，是唐代最雄伟壮丽的宫殿组群，重大庆典和朝多半会在此举行。含元殿始建于龙朔二年（662年），它利用龙首山作殿基，据考古发掘可知，大殿前面两侧建有翔鸾、栖凤二阁，为门阙式楼阁，下设平座于高台之上以烘托主殿，两阁由曲尺形飞廊与大殿相接，双阁的高耸与龙尾道的渐低互相辉映。大明宫另外一处重要宫殿群是麟德殿，是皇帝饮宴群臣、接待外宾、游乐及佛事的地方。它是由单层庑殿顶的前殿与中后殿连接，是二层楼阁建筑，大殿两侧有结邻、郁仪两楼，用飞桥接连后殿，二楼前各建亭一座，造型别致。

　　大明宫与隋文帝时修建而唐朝沿用的太极宫，以及开元二年（714年）兴建的兴庆宫，并称"三内"，是唐长安城内著名的三处宫殿区之一。

　　大明宫主殿含元殿及其后的宣政、紫宸殿三殿相重附会的"三朝"布局形制，对后来历代的宫殿布局制度产生了深远影响。大明宫是我国古代劳动人民伟大才能与智慧的结晶，反映了唐建筑技术水平及成就。它的形制、布局和建筑基址的结构对后代了解唐代建筑风格及历史情况提供了历史依据和形象资料。

修建九成宫、华清宫

隋唐的统治者为了满足其避暑消夏和穷奢极欲的需求，在长安、洛阳附近和全国许多环境优美的风景名胜之地，兴建了许多离宫别院，如长安附近的九成宫、翠微宫、玉华宫，临潼温泉华清宫，洛阳附近的万安宫、三阳宫，嵩山奉天宫，渑池紫桂宫，永宁绮岫宫，太原附近的晋阳宫、汾阳宫等，规模巨大，建筑豪华绮丽，其中以九成宫和华清宫最为典型。

华清宫，为唐代所建离宫之首，位于陕西省临潼县骊山北麓，此地有温泉涌出，山上瀑布飞泉，重岗青翠，景色绝佳。周秦时期就曾在此建离宫，

华清宫

隋文帝也在这里营造宫室，唐贞观十八年（644年），在此修建温泉宫，747年，又大举兴造扩建，并更名华清宫。华清宫面向北，宫内随地势之高下曲折，因地制宜规划修建殿、台、亭、阁几十处，寝殿名飞霜殿，掩映在青松翠柏之间。宫内建有若干温泉浴室、石制浴池。每年冬春之际，唐玄宗居住此宫，宫前建有百司衙署和公卿邸第，使骊山几乎成了冬季的临时都城，是我国历史上最著名的离宫型园林。诗人杜牧有诗云："长安回望绣成堆，山顶千门次第开。一骑红尘妃子笑，无人知是荔枝来。"就是唐明皇和杨贵妃在此生活享乐的逼真写照，许多至今流传的关于其二人的故事，大都是以华清宫为背景的。

九成宫，位于陕西省麟游县附近的天台山上。这里层峦叠嶂，群峰环绕，松柏常青，泽茂草丰，又以醴泉而闻名。九成宫始建于隋文帝开皇十三年（593年），初名仁寿宫。后毁于战火。唐太宗贞观五年（631年），在破壁残垣的基址上将宫殿重新修复，更名九成宫。它规模宏大，宫垣周长"一千八百步"，宫内建有华丽的殿寝楼台，引水凿池可以泛舟，环池建飞廊高阁，并建有宫寺、武库等建筑。据《九成宫醴泉铭》描述九成宫"冠山抗殿，绝壑为池，跨水架楹，分岩竦阙，高阁周建，长廊四起，栋宇胶葛，台榭参差。仰观则迢递百寻，下临则峥嵘千仞。珠璧交映，金碧相辉，照灼云霞，蔽亏日月"。可见当时建筑之富丽堂皇。自武则天执政后，政治中心东移，这座著名的离宫逐渐被人遗忘。

从华清宫、九成宫可以看到唐代是离宫别院建筑的极盛时代。

修建道教太清宫

　　太清宫为道教宫观。"太清"相传为神仙居处，故道教宫观常以此名冠之。唐代因李唐皇室与道教始祖老子同姓，故大力提倡道教，宫观祠庙遍及全国，河南、崂山和沈阳均有太清宫。其中河南太清宫位于河南鹿邑县城东，古地名为苦县厉乡曲仁里，相传老子诞生于此地。东汉延熹八年（165年）在这里建起老子庙。唐乾封元年（666年），老子被封为太上玄元皇帝，创建祠庙紫极宫，天宝二年（743年）改称太清宫。武周年间，老子母被尊为先天太后，建洞霄宫于太清宫北。两宫相距半里，隔河相望，中有会仙桥相连。共占地8772亩，宏伟壮观，盛极一时。唐宋间太清宫累遭兵火；金、元、清各代虽曾重建，续修，但规模已大不如前。元以后此处为全真道著名宫观之一。

唐天尊坐像，为道教盛期雕造。

太平公主谋反被诛

先天二年（713年）七月三日，太平公主谋反被诛。

太平公主是高宗的女儿，为武后所生。睿宗时，太平公主权势甚大，宰相7人中有5人出自公主门下，公主擅权用事、把持朝政，文武大臣大多附从。先天二年（713年）六月，太平公主与宰相窦怀贞、肖至忠、崔湜、岑

唐武臣立像（局部）

唐驼鸟石刻

義及太子少保薛稷、左羽林大将军常元楷、中书舍人李猷等人合谋发动政变，企图废掉李隆基。公主又与宫女元氏密议在赤箭粉中下毒，毒死玄宗。七月初，李隆基获密告得知太平公主将于本月四日作乱，于是命令羽林军突入武德殿等候调遣，窦怀贞、肖志忠、岑羲等在南牙举兵对抗，玄宗令羽林军300余人自武德殿出击，捕杀太平公主党羽。太上皇闻变，下诏宣布怀贞等罪状，并将薛稷赐死于狱中，同时下诏说，从今往后，所有军国大事，全凭玄宗皇帝处置，自己要净心养身，不再过问政事了，然后迁居百福殿。从此，玄宗便完全掌握了政权。太平公主在玄宗捕杀其党羽时逃入山寺，三天后才出来，被玄宗赐死于家中。除薛崇简外，太平公主的儿子们都被处死。太平公主的同党，窦怀贞被改姓为"毒"，王晋改姓为"厉"，以作为惩罚。宦官高力士因诛逆有功被破格任命为右监门将军知内侍省事。宦官之盛也从此开始。

唐顺宗即位重用二王改革

贞元二十一年（805年）正月二十三日，德宗去世，时年64岁。翰林学士郑纲、卫次公等人急忙聚集在金銮殿，商议再立新君之事。宦官以太子重病缠身不能理政为由，想要改立。卫次公等人则认为，如果改立太子必将引起祸乱，极力拥太子即位。太子知道朝臣尚在忧疑，为安中外，他身着紫衣麻鞋，抱病出了九仙门，召见各军使，人心才安定下来。二十六日，太子李诵在太极殿即皇帝位，是为顺宗。

顺宗即位前，已因中风不能言语，所以不上朝堂处理国事，一直住在宫里，百官通过帘帷向顺宗奏请国家大事。

顺宗还是太子的时候，翰林待诏王伾、王叔文为太子侍读，深得李诵的信任。顺宗即位后，当时一批主张打击宦官势力、革新政治的中青年官僚士大夫如韦执谊、韩泰、陈谏、柳宗元、刘禹锡、韩晔、凌准、程异等，都以二王为领袖，形成了一个革新集团。由于顺宗即位前已中风，不能讲话，所以有些制诏完全由二王草拟发布。韦执谊被任命为宰相，颁布了一系列明赏罚、停苛征、除弊害的政令。

王叔文等人的改革措施主要有以下几点：一、惩办贪官，荐引廉相。贬京兆尹李实的官职，召陆贽、阳城、杜佑等著名政治家入朝；二、罢进奉、宫市、五坊小儿等名目繁多的进项，免除民间历年所欠的租税及一切杂税，并免了盐铁使的月进钱；三、谋划夺取宦官的兵权，以此来限制地方割据势力，加强中央对地方的控制；四、放出宫女300人，解散宫中供享乐之用的乐队。这些革新措施，主要是针对宦官和地方藩镇，自然引起了他们的不满和抵触。

永贞元年（805 年）五月，与凌准有联系的范希朝被任命为左右神策京西诸城镇行营兵马节度使，韩泰为行军司马，李位为推官，以便夺取宦官所掌握的京西诸镇神策军兵权。宦官知道兵权被王叔文所夺，大怒，密令各个将领不要把兵卒交给别人。由于遭到宦官集团的强烈反对，夺取兵权的计划没有实现。六月，剑南西川节度使韦皋派支度副使刘辟到长安，让王叔文把三川（剑南东川、西川及山南西道）都划归韦皋统辖，遭王叔文拒绝。不久，宦官俱文珍、刘光琦等人和剑南西川节度使韦皋、荆南节度使裴均、河东节度使严绶等串通起来反对王叔文集团。

永贞元年（805 年）五月，宦官俱文珍痛恨王叔文要夺他的兵权，下诏削去他翰林学士的职务。六月，韦皋自恃是朝廷重臣，又远在蜀中，谅王叔文奈何他不得，上表诬告王叔文。裴均、严绶也纷纷上表。

永贞元年（805 年）八月，顺宗被迫让位给太子纯（宪宗），改元永贞。宪宗一即位，就贬王伾为开州（今四川开县）司马，王伾不久病死。王叔文被贬为渝州（今四川重庆）司户，次年被赐死。其余的人也被贬或赶出朝廷。王叔文集团掌权仅 146 天，改革就宣告失败。

长安洛阳兴盛私家园林

唐代的园林与前代相比，一个显著的特点就是私家园林兴盛，其中尤以经济、文化高度发达的长安、洛阳为最。唐贞观、开元年间，洛阳城内公卿贵戚开馆列舍、凿池植林，建亭列榭，私家园林竟达千余家，盛极一时。长安城内以及城南樊川、杜曲一带泉清林茂之地，都布满大臣权贵、公卿官署的园林，甚至佛教寺院内也有供人观赏游览的庭院，盛况空前。

唐代私家园林规模较大，与唐人在城市、建筑上所表现的偏大的特点相一致，这在私园的大型园林中表现更为明显。皇亲国戚、大臣权贵大量占用土地，开池堆山。如牛僧儒的一处园林即有400多亩。中唐名相李德裕在洛阳的园林周围40里，其间青山绿水、轩阁亭台无一不全。一些诗书文人的私园规模相对较小，然而白居易以"小园"自居的洛阳履道坊园，

唐三彩假山，是唐代园林艺术与建筑结合的实物资料。

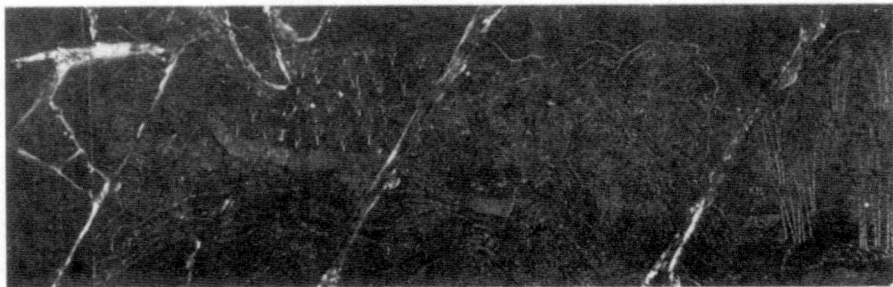

明郭潄六和清熊墨樵两人先后摹绘的王维"辋川图"石刻。

也在 10 亩左右。随着私园的普遍发展，小型园林日益增多。在小片的宅地上，凿池堆山、种花植草、建亭置榭，将自然之美和人工之美结合起来，借景抒情，托物寄兴，充分展现出盛唐时代人们积极乐观、胸襟开阔、国富民强、钟情于山水、追慕高雅逸情的社会风尚。许多官僚文人不仅在城内拥有宅园，而且在郊野名胜之地另建造别墅，依山傍水，在优美的自然环境之中建亭馆、立草堂，更觉淡雅、幽静，颇有野趣。其中以李德裕的平泉庄、王维的辋川别业和白居易的庐山草堂最著名。

中晚唐时，私家园林小型化趋势逐渐加强。上至公卿、下至文人墨客，都不像盛唐时那样看重园林规模，而是将注意力集中到奇花异草怪石上去，喜好程度达到"癖"的状态。他们凭借其高深的文学修养以及多年欣赏园林的经验，赋予石以血肉，花草以灵气，朝揣夕玩，爱不释手。牛僧孺就曾把石分为九等，并对各等级均有品评，且每石之上皆有"牛氏石"三字；而名相李德裕的奇石均刻有"有道"二字。而对于草木，在中晚唐的园林业中更是有过之而无不及。松梅竹在南朝已被视作高雅之物，到了唐代，更被视作"贤才"、"益友"，这也从一个侧面体现了将草木人格化的文人的文学素养。

大诗人白居易在洛阳履道坊的宅园，以其造图匠意之高、情趣之雅，堪称中小型园林的代表。园的布局以池为中心，池中设三岛，岛上有亭，有桥两座与岛相通。池岸曲折，环池有路，多穿竹而过。池中又植有白莲、菱及菖蒲等。池四围还建有供子弟读书所用的书库和贮粮的粟廪，又引园外伊水支渠于池中，作小涧以听水声，另有西亭及小楼、游廊，可供宴饮、待月、听泉之用。池边竹下还有太湖石二、天竺石二、青石三及鹤一对，真可谓"造化钟神秀"，"山水之乐尽于其中矣"。

中晚唐的私家园林值得一提的，除了中小型园林大受欢迎之外，园中、庭中的小池也备受青睐。他们借小池寄情趣，以小喻大，往往在方圆数丈的水池中追求造化之神趣。这在当时是十分流行的一种心理，甚至影响到高官权贵们。大诗人白居易曾赞小池："勿言不深广，但足幽人适。"还有一个皇帝也作《小池赋》："牵狭镜分数寻，泛芥舟而已沉。"，"虽有惭于溟渤，亦足莹乎心神。"进一步发展下去，造园的私主们求池不得，则退而在庭院中作更小的盆池，借方寸之水同样得天然之乐。杜牧曾赋诗："鉴破苍苔地，偷它一片天。白云生镜里，明月落阶前。"此外，大文豪韩愈也有咏盆池的五首诗，可见当时喜爱盆池的风气之盛，宋代大量的咏小池、盆池之诗也是受这股风气影响所致。

唐代的私家园林，其数量之多，设计之巧，情趣之雅远非汉代可比，后世亦只能步其后尘而已。其中原因主要是盛唐恢宏精深的文化造就了一大批诗人和文学家，也造就了独具特色的私家园林艺术。私家园林艺术不仅对后世的园林有深远的影响，对文化的反作用尤甚。

李克用助唐

李克用像

沙陀李国昌、李克用父子因叛唐兵败，逃奔鞑靼部落。广明二年（881年）三月唐朝廷赦免李克用罪并委任其为帅讨伐黄巢起义军。

881年黄巢起义军攻入长安，建立大齐政权，唐僖宗逃往成都，唐朝伺机反扑。二月，代北监军陈景思率沙陀酋长李友金及萨葛、安庆、吐谷浑诸部攻长安。绛州刺史沙陀人瞿稹与李友金在代北招募了三万多士兵，都是北方杂胡，犷悍骠横，瞿稹及陈景思无法统领。陈景思于是上书唐僖宗，请皇上赫免李国昌、李克用父子之罪，委任李克用为元帅以抗击黄巢军，统领沙陀兵士。中和元年（881年）三月僖宗同意并派李友金赴鞑靼迎接李国昌、李克用父子。五月，李克用奉诏率兵五万讨伐起义军，在阳曲、榆次等地抢掠粮食财产，攻占忻、代两州，次年又攻占蔚州，率兵四万前往河中。中和二年十一月，唐朝任命李克用为雁门节度使。李克用接受唐廷"击巢自赎"的条件，率三万五千沙陀兵赴河中参战。次年正月，李克用在沙苑大败黄巢之弟黄揆所率军队，旋即进军乾阮，并与河中、易定、忠武等军联合大败尚让所率十万军队，在梁田坡杀死起义军数万人。唐廷任命李克用为东北面行营都统。然后李克用围攻华州，在零大败尚让援军，三月占领华州，守将黄揆逃走。四月，李克用会合忠武、河中、義成、义武军联合攻长安，在渭桥大战，击溃黄巢军，黄巢率部下焚宫室，弃长安撤到蓝田，李克用因破黄巢入长安有功被诏授为同平章事和河东节度使，李国昌为代北节度使。

朱全忠专唐政

　　朱全忠，初为唐藩镇镇将，因救唐皇昭宗有功被封为东平王，得势后朱全忠即铲除异己，杀宰相崔胤，又弑昭宗李晔拥立幼主，专制朝廷。

　　901年，宦官刘季述等发动政变，囚禁唐昭宗拥立太子，在崔胤、孙德昭、朱全忠的统领下昭宗获救。后来昭宗铲除了朝廷宦官势力，加封朱全忠为东平王、梁王。朱全忠得势以后，为了取得政治上挟天子以令诸侯的优势，数次奏请皇上迁都洛阳，为了排除崔胤的阻力，天复四年（904年）正月，朱全忠密奏崔胤专权，图谋反叛朝廷，使昭宗贬谪崔胤，解散其募兵，朱全忠又密使朱友谅谋杀了崔胤一家大小及他的亲信。随后朱全忠驻兵河中（今山西永济），胁迫昭宗迁都洛阳，长安成为一片废墟空城，朱全忠又迫使昭宗诏

　　唐铰接式铆金白玉镯。每个玉镯均由三条等长的白玉组成，玉条背起三棱，两端镶金虎头，用金锖钉铆接。是唐代贵妇人的首饰。

授其亲信长安为佑国军，韩建为佑国军节度使，刘知俊为匡国留后，他本人兼判左、右神策及六军诸卫事。在东都洛阳，昭宗改元天佑，以天复四年为天佑元年。

天佑元年（904年）六月，李茂贞、王建、李继徽联合讨檄朱全忠，为防止东都发生事变，朱全忠派遣李振、蒋玄晖及

唐鎏金鱼龙纹银盘

朱友恭、氏叔琮谋杀了昭宗，之后伪称二妃反叛，立辉王柷为皇太子，即哀帝。朱全忠西讨返东都，假作震惊，以逆臣之名杀朱友恭、氏叔琮，授张全义为河南尹兼忠武节度使，判六军诸卫事，领宿卫。本年十月，光州降朱全忠，淮南节度使杨行密遣兵围城。朱全忠率五万兵士渡淮河南下，派遣各路将士围困杨行密。朱全忠又对诸王大动杀手，借宴请之机将昭宗诸子德王李裕等九人全部杀死，大肆贬逐朝臣。906年，天雄牙军作乱，罗绍威求救于朱全忠，朱全忠派兵十万由李思安带领大败牙军，将牙军兵士妇婴八千家全部杀死，又用了半年时间征讨魏博诸军，耗费魏巨额财力，从此魏兵衰弱下去，天雄节度使罗绍威追悔不已。

这样，朱全忠通过杀朝臣诸王，弑昭宗拥立幼主，铲除异己诸路军队，大权独揽，干预朝政，为自己称帝做好了充分的准备。

唐设教坊职司歌舞百戏

开元二年（714年）正月，唐玄宗李隆基开设教坊，职司歌唱、舞蹈、百戏之教习，演出不再隶属太常。

唐高祖在位时，在禁宫中设置教坊，其所有官吏均属太常管辖，专门对雅乐以外的音乐、歌唱、舞蹈、百戏的教习、排练和演出等事务进行管理。李隆基通晓音律，认为太常掌管着祭祀礼乐，不宜再管理倡、优、杂、伎等事务。于是，唐玄宗李隆基于开元二年（714年）正月变更旧体制，设置左右教坊在宫内教授俗乐，同时任命右骁卫将军范及为教坊使，不再隶属太常。然后，又在皇宫内设置梨园，选了几百名乐工，令他们互相其切磋乐艺，研习歌舞，称之谓"皇帝梨园弟子"；另外还选伎女安置于宜春院，让她们习练歌舞以随时侍奉皇帝。

当时的礼部侍郎张廷珪、酸枣尉袁楚客等都向皇帝玄宗上奏，认为皇上正是年富力强的好时候，应当推崇管理国家大计的研习，多多接近贤能之士，广开言路，提倡朴素的生活，千万不能沉迷于歌舞享乐、游玩狩猎之中。玄宗听了很不高兴，但转念一想自己即位不久，朝纲未定，需要博得一个善纳明谏的好名声，便抚慰了张廷珪、袁楚客一番，说他二人都是忠贤之士、国家栋梁等等。但对设教坊一事却含含糊糊，谓左右而言他，张、袁二人无奈，只能唯喏退下。

契丹称帝建元

辽神册元年（916 年）十二月，契丹王耶律阿保机自称皇帝，国号契丹，建元神册，国人称天皇王（为辽太祖）。

契丹原为胡服骑射之族，部落众多，各部为疆域、猎物等争夺不断。阿保机出，以良策治军，所在部落日见昌盛，终于统并契丹八部，遏止了纷争。

塞外物资匮乏，契丹族便开始了南下的侵扰。而此时的中原之地也是寸土必争。群雄逐鹿，能取得外援支持自然更有竞争力，于是中原河北的地方势力亦时常勾引契丹，利用他们实现自己的个人野心，契丹则从中取得实惠或好处。在互相的利用与被利用中，契丹族加强了与中原的接触，中原先进的文化和政治制度给阿保机以巨大的震撼。

阿保机是个善于学习的人。于是本月仿效汉制，以妻述律氏为后，备置百官，又在城南别建汉城，以充汉人。阿保机自此之后野心更盛，"颇有窥中国之志"。

契丹铜镜

段氏大理国建立

后晋天福元年（936年）十二月末，大义宁通海节度使段思平会合三十七蛮部，自石城（今云南曲靖北）攻大理，大义宁帝杨干贞兵败出逃。天福二年，段思平建国大理，建元文德，后改元神武。以大理为都城，董迦罗为相国，高方为岳侯，分治成纪（今云南永胜）、巨桥（今云南晋宁）景地，免除东方三十七蛮部徭役。文德三年赦杨干贞罪，废为僧人。

段思平（894年—944年），其祖先为武威（今甘肃武威）人。世代为蒙氏南诏将领。唐玄宗时，南诏阁逻凤大败唐军，段氏因功封为清平官。段思平后晋开运元年卒，庙号太祖。段氏大理传至宋哲宗绍圣元年（1094年）为高氏所废。两年后段氏复位，史称后理国，至宋淳祐十二年（1253年）为元世祖忽必烈所灭。

汴梁城形成

汴梁又称汴京、东京，在今河南省开封市。五代时后梁、后晋、后汉、后周四代均在此建都，称汴梁。北宋建国后，亦因交通便利（处于黄河中下游扇形冲积平原的轴端，又是大运河的中枢和大运河漕运的枢纽地带），在此建都，称为东京。汴梁城经历代修建，在五代时逐渐形成，至北宋，颇具规模。

汴梁最早为战国时魏都大梁，后世相沿称，简称梁。因汴河从中间穿过，唐时在此设汴州，简称汴，后合称汴梁。原汴州旧城规模较小，后周显德三年（956 年），在旧城外围筑了一层廓城。北宋定都后又经几次扩建，最后形成规模。汴梁城结构布局为外城、里城、宫城三重城墙和护城河。外城又称新城，全长 40 余里，南面有 3 门，东、北各有 4 门，西南 5 门，各城门都有联通附近的州县市镇的水、陆通道，呈放射状展开。城内横穿的四条河均通

宋《清明上河图》。它以汴河为中心，详细描绘了都城汴梁的社会生活情景。

五代《观世音菩萨毗沙门天王像》

过护城河相连通，汴河横穿城东北，通南北大运河，是汴梁漕运的主要渠道。里城相当唐时的州城，周长20里。宫城又称大内，在里城中心偏北位置，由唐时州衙改建而成。四面开门，城四角建有角楼。在宫城南北轴线南部的丹凤门内，是外朝的主要宫殿，东西并列，一改唐洛阳城建筑布局。宫内主要殿堂首先采用工字形布局。这对以后历代各朝宫殿建筑产生了重大影响。

汴梁城因旧城扩建而成，城市街道布局不如唐代那样横竖方整，但主要街道仍成井字形。北宋时，城内居民超过百万，为当时世界上人口最多的城市，北宋打破

五代《八臂十一面观音像》

唐时的坊市分离制，里城、外城居住区和商业区混杂在一起，形成了熙熙攘攘、繁华的城市景象，这在张择端的《清明上河图》上反映出来。

汴梁城与前代都城最大的不同是宫城不在最北部而是接近市中心以及城市面貌的商业化。汴梁首次在宫城正门和里城正门之间设置了丁字形纵向宫前广场。

宋太宗去世·真宗继位

至道三年（997 年），太宗去世，太子赵恒继位，是为真宗。

宋太宗赵匡义，太祖匡胤之弟，于 976 年继位。在位 22 年间，曾迫使平海军节度使陈洪进、吴越王钱俶相继纳仕，又亲征北汉，击败契丹援军而使北汉投降。征辽失败后对辽采取守势，执行守内虚外政策，又采取各种措施进一步加强了中央集权。同时扩大科举考试规模，完善科举制；设审官院，加强对官员的考察和选拔；组织人力编纂《太平广记》、《太平御览》和《文苑英华》等，是一位较有作为的皇帝。

至道三年（997 年）二月，太宗弥留之际，宦官王继恩忌太子英明，与参知政事李昌龄、知制诰胡旦等阴谋立楚王元佐，被宰相吕端觉察。

三月，太宗驾崩，吕端将奉令召他入宫的王继恩锁禁，火速入宫，以理说服心意动摇的李皇后，奉太子赵恒即位，太子即位后，垂帘见群臣，吕端不拜，待侍臣卷帘，登殿审视新帝确为太子恒时，才降阶率群臣拜呼万岁。

宋置龙图阁

咸平四年（1001年），宋设置龙图阁。

宋初沿袭唐代制度，在崇文院内建置史馆、昭文馆、集贤殿，合称"三馆"，分别执掌起草制诰诏书、整理典籍、编纂图书、教授生徒等工作，并有专门的官员担任官职，待遇优厚。

后来，宋又在崇文院内增建秘阁，另置官属，作各种专用。1001年，建置了龙图阁，专门负责收藏太宗御书、御制文集、各种典籍、图画、瑞祥之物，以及皇家寺院宗正寺里所进的宋氏宗族名册、谱牒等，类似于皇帝的个人图书馆。

龙图阁的官员职位，相继置有龙图阁侍制、龙图阁直学士、龙图阁学士、直龙图阁等，掌管阁内一切事务。因涉及皇帝，这种馆职要求很严，一般文士要经过考选才能授职。

龙图阁及其他秘阁和三馆总称为崇文院。

保国寺大殿开建

　　保国寺在今浙江宁波市西，大殿为寺内现存最早的主要建筑，是江南罕见的木构建筑遗物。建于宋大中祥符六年（1013 年），面阔 3 间，计 11.91 米，进深 3 间，计 11.35 米。大殿柱和内额为七辅作双抄双下昂单拱造，内柱不等高，用以小拼大的"包镶作"和以四块同样大小的木材榫卯而成的"四段合"方法制成。整个建筑保留了部分唐代风格，是研究宋代木结构建筑发展、演变的珍贵实物资料。

宁波保国寺大殿

荣王元俨宫失火·宋宫藏书尽毁

　　大中祥符八年（1015 年）四月，宋真宗子荣王元俨宫发生火灾，历时一天。大火蔓延焚毁了内藏左藏库、朝元门、崇文院、秘阁等，两朝所积的财赋、藏书烧毁殆尽。真宗下罪己诏，并命参知政事丁谓为大内修葺使，主持修复工作。此后另建崇文外院，重新抄写书籍。大中祥符八年（1015 年）十二月，真宗命枢密院使、同平章事王钦若总管抄写校勘阁馆书籍，翰林学士陈彭年副之，并铸印给之。又令吏部铨选慕职、州县官有文学者赶赴三馆、秘阁校勘书籍。又出太清楼书籍，招募笔工二百余人抄写，并募民间书籍卖于官府者，验真本付其值，得书籍 18700 余卷。所抄书籍，须几经点校，凡校勘官校毕，送覆校勘官覆校，再送主判馆阁官点检详校，再由覆点检官复加点检。

广州城墙开始建筑

　　广州因没有城墙而经常被掠夺，居民不能安居乐业。一些地方官认为广州城外土质里混杂有螺蚌，不能筑城，唯独知州程师孟（1009 年—1086 年，苏州人）认为广州可以筑城。熙宁五年（1072 年）八月，宋神宗下令转运使向宋道、转运判官卢大年、提点刑狱陈偁、周之纯等人画出广州城墙图上报朝廷，宋神宗批准了这一修筑城墙的方案，并委派左藏库副使张节爱具体负责广州城墙的任务。张节爱上任后，用十个月时间便将广州城修缮一新。程师孟等人也因此而受到宋神宗的通报表彰和赏赐。

长安城图（残片）

正定隆兴寺成为北方巨刹

元丰年间（1078 年—1085 年），正定隆兴寺扩建完工，成为北方巨刹。
在河北省正定县城内的隆兴寺，原名龙藏寺，创建于隋开皇六年（586

正定隆兴寺大悲阁

大悲阁的龙石雕。在有限的空间表现出龙的盘桓欲飞的气势。

大悲阁的力士石雕

大悲阁的乐天石雕。象征佛国净土的繁华景象。

年）著名的隋龙藏寺碑尚存寺内。北宋开宝四年（971年），宋太祖赵匡胤命建大悲菩萨铜立像和阁，扩建该寺院，到元丰年间（1078年—1085年）完工，改名龙兴寺，成为北方巨刹。后经金、元、明、清历代重修。清初又改名隆兴寺，但仍保持北宋时期的总体布局。它是现代宋存寺庙中保存原貌较完整的一座，1961年被国务院定为全国重点文物保护单位。

寺院原分中、东、西三部分，有山门、大觉六师殿、摩尼殿、戒台、大悲阁、慈氏阁、转轮藏殿、御书阁和集庆阁等建筑组成，全寺主要殿阁的屋顶都是布瓦绿琉璃剪边。现仅有山门、摩尼殿、慈氏阁和转轮藏殿4座为宋代建筑，但也经后代做过一定程度的改动。

摩尼殿建于北宋皇祐四年（1052年），面阔七间，进深6间，长33.32米，宽27.08米，重檐歇山屋顶。特别之处是把外墙砌到副阶檐下，另在副阶四面正中各加一座山面向外的歇山顶抱厦。宋代称"龟头屋"。这样结构屡出现在宋画中，实物仅此孤例。殿内供奉释迦牟尼、文殊、普贤等神像。

大悲阁是全寺的主体建设，宋开宝四年（971年）建。原为七间三层五重檐的建筑，内供赵匡胤命铸的四十二臂大悲菩萨立像，高22米，是现存最高的古代立像。阁两侧东西并列有御书阁、集庆阁，原与大悲阁以飞桥相联，整体造型宏伟壮丽。

大悲阁前方东西相对有慈氏阁和转轮藏殿，都是面阔进深各3间前加副阶的二层楼，采用宋式厅堂型构架。转轮殿下层装直径7米的六角形转轮藏，即放置佛经的旋转书架，是宋代小木作的稀有遗存物。慈氏阁内供慈氏菩萨，高两层，因而阁整体构架中心为一空井。其构架采用古代阁的做法，下层后檐柱直抵楼板下，不用平坐柱，另在这些柱外侧再加一柱承下层腰檐，即是《营造法式》中所载的缠腰做法。这些都是反映宋以前做法的稀有例证。

隆兴寺佛像群制作技术先进。寺内大悲阁千手千眼观世音菩萨铜像铸造于971年前，大悲阁的东、西、北三壁有观音、文殊、普贤三大塑壁，于端拱二年（989年）大悲阁竣工后造作，场面宏大，构图严谨，图景亦复杂，形成了以观音为主尊，文殊、普贤为辅的组合形式。此外，千手观音像下宽广的须弥座，亦是北宋营造时的原作；座侧各处满施雕饰，其中如檀柱的力士、蟠龙，形象无一类同，表现得颇有力量；壶门内的伎乐人，姿态变化多样，异常生动。这些辅助雕饰和大悲阁以"千手观音"铜像为主体的佛像群构成一个整体，庄严壮观。

大悲阁"千手观音"高达 22.5 米，是中国佛教史上金铜巨像的罕见之作，是国内现存最大的金铜造像，大悲阁内其他佛像造型也很宏阔。如观音菩萨半跏坐于岩山之上，神情安祥，作说法度化相。普贤菩萨骑于白象之上，前后左右随从无数，眷属作乘云来迎状。上有飞天，下为大海，远山突兀，寺塔高耸，形成一大壮观。

隆兴寺佛像群的建成，特别是千手观音铜像的铸造，说明北宋佛像造作技术的先进，远非先代所能相匹。

建筑斗栱使用定型

斗栱是中国传统木构架体系建筑中独有的构件，用于柱顶、额枋和屋檐或构架间，北宋末年李诫的《营造法式》（绍圣四年）中称为辅作，清工部《工程做法》中称斗科，通称为斗栱，亦写作科栱。

斗栱的演变大体可分三个阶段。第一阶段为西周至南北朝，斗栱孤立地置于柱上或挑梁外端，分别起传递梁的荷载于柱身和支承屋檐重量以增加出檐深度的作用；第二阶段为唐代至元代，斗栱同梁、枋结合为一体，除上述功能外，还成为保持木构架整体性的结构层的一部分；第三阶段为明代至清代，斗栱的结构作用蜕化，成了在柱网和屋顶构架间主要起装饰作用的构件。

斗栱三个发展阶段中，第一阶段尚未定型，第二阶段的形制和构造，可以宋《营造法式》中看出已经定型。

《营造法式》对大木作的叙述特别详细。书中每一组斗栱称一朵，在柱止处的叫柱头辅作，角柱上的叫转角辅作，二柱之间阑额上的叫补间辅作。

每朵最下部有一托住整组斗栱的大斗，称栌斗。栌头一般用在柱列中线的上边。栌斗上开十字口放前后和左右两向的栱，前后向（内外）挑出的称华栱，左右向的称泥道栱。

华栱可挑出一至五层，每挑一层称一跳；挑向室外的称外跳，挑向室内的称里跳。

同华栱成正交的栱称横栱，除泥道栱外，最外一跳华头上的横栱称令栱，用以承托外檐的橑檐方（即枋）和承托内檐天花（平棋或平暗）的算程方。

在柱心泥道栱和外跳令栱之间各跳跳头（即华栱头）上的横栱，都称瓜子栱。瓜子栱、泥道栱上可直接承托方木，也可再加一层横栱，称慢栱，瓜子棋、慢栱上的方木称罗汉方。宋式斗中向外挑出的构件除华栱外，还有斜置的上昂和下昂。下昂大体平行于屋面，昂尾压在梁下或枋（即檩）下。上昂自斗栱中心向外上方斜出，以承令栱。

下昂的作用是在少增加斗栱高度的条件下增加挑出长度，上昂的作用是在少增加挑出长度的条件下增加斗栱高度。各层栱间用斗垫托、固定，斗位于栱的中心、两端或栱与昂等相交处。

华栱头上的斗叫交互斗，在横栱中心的叫齐心斗，两端的叫散斗。斗栱以榫卯结合，出跳栱昂的卯口开在下方受压区，横栱的卯口开在上方。栱上的斗用木销钉与结合，斜置的昂则用昂栓穿透到下层的栱中进行固定。

宋式斗栱直接影响了之后的清式斗栱的形制和构造，它的演变可看作是中国传统木构架建筑形制演变的重要标志。

宋高宗即位改元建炎南宋开始

　　靖康元年（1126年，金天会四年）十一月初，宋钦宗派康王赵构和王云为割地请和使赴金营，以同意割让三镇为条件向金乞和。十一月中旬，赵构、王云到达磁州（今河北磁县）。磁州知州宗泽告诉赵构，东路金军已从魏县（今河南魏县东北）渡过黄河，向开封进发。宗泽认为金军不守信义，此去凶多吉少，劝康王不要去金营，而应起兵进援都城。赵构只好留在磁州。

　　十一月底，金兵包围了开封城，京城危在旦夕。钦宗派人持蜡书到相州，任命赵构为兵马大元帅，陈遘为元帅，宗泽、汪伯彦为副元帅。十二月初一日，赵构在相州开元帅府，聚兵万人，分五路救援开封。自己却率领大队兵马逃至大名府后（今河北）随即又往东平府（今山东），继而再逃向济州（今山东巨野）。是月二十五日，开封失陷，十二月初二，钦宗向金人奉上降表。次年二、三月，金废宋徽、钦二帝为庶人，册立张邦昌为楚帝，然后撤兵北归。金兵一退，开封军民和朝廷旧臣即不再拥戴张邦昌，同时各路"勤王"兵马纷至沓来，声讨张邦昌。张邦昌只得迎宋元祐皇后入宫、垂帘听政，并迎奉康王赵构。四月，元祐皇后手书至济州，劝康王即帝位。五月初一，赵构于应天府（今河南商丘）登基，改元建炎，重建了宋王朝，史称"南宋"。

金佛殿兼采辽宋

金在灭辽和北宋以后，统治了中国北部和中原地区。金代在建筑方面，既继承了辽制，又吸收了宋制，所用工匠大多为汉人，所以形成了宋、辽掺杂的情况，在建筑规模及结构、柱网布置上采用了大空间、大内额、减柱等手法。

体现辽代特点较多的有山西大同华严寺大殿和善化寺三圣殿及山门。华严寺大殿建于辽重熙年间，金天眷三年（1140年）重修。殿面阔九间，长

金代壁画《鬼子母变相（赶驴）》，构成一幅优秀的风俗小品。

53.90 米，进深五间（十椽），宽 27.50 米，单檐庑殿顶，建在前面有月台的高台上。柱网布置是以安放佛像、礼佛等实际需要出发，将大殿当中五间，每缝只用两根金柱，扩大了使用面积，在结构上体现了很大的灵活性。大殿构架近于厅堂型"十架椽屋前后三椽栿用四柱"的形式，这种构架也是为取得室内宽敞的空间，由此在殿内形成了前、中、后三跨，宽七间的三个敞厅，中跨宽度近 12 米。这是佛殿中的巨构，与建于辽开泰九年（1020 年）的辽宁义县奉国寺大雄宝殿同为国内佛殿中现存的在元代以前建筑中最大的建筑。

山西大同善化寺三圣殿和山门，在屋顶坡度上近于三分之一举高，角脊和檐口曲线的曲率加大，屋角起翘急骤，有明显的出翘，风格偏于轻巧华丽，可以比较明显地看出与辽代建筑风格上的差异，更具有金代建筑上的特点。三圣殿约建于金天会、皇统年间，其明间梁架为"八架椽屋乳栿对大椽用栿三柱"，次间为"八架椽屋五椽栿对三椽栿用三柱"，是辽代盛行的典型的厅堂型构架实例。它结合殿的平面布置巧妙地选用了这两种构架，使明间二内柱色在佛坛后的扇面墙内，次间二柱则位于佛坛两侧不显著的位置，使殿内空间比较宽阔。善化寺山门建于三圣殿同期，梁架近于分心斗底槽，因为彻上明造，无天花板，外露结构构件的缘故，采用装饰性很强的月梁。外檐斗拱为五铺作单抄单昂重拱造，外檐柱头铺作为假昂咀，这可算作斗拱成为装饰的开始。

受宋制影响比较明显的金佛殿建筑，则有山西五台县佛光寺文殊殿和山西朔县崇福寺弥陀殿，这两殿均采用了大内额和减柱法的特殊结构方式。文殊殿建于金天会十五年（1137 年），木结构属于宋式厅堂构架中"八架椽屋前后乳栿用四柱"的梁架，在柱网排列上，采用前、后内柱列上都只用二柱的形式，并使用粗大内额承托无柱处的梁，同时使用跨距长达 14 米的内额支承屋架，这样大大增加了殿内空间。为加强内额的承载能力，最特殊的做法是在后内额下面加一根由额，在由额上立蜀柱，柱上加绰幕枋支托内额，另在由额两端加斜撑，撑在绰幕枋的两端，使内额上部的荷重直接传至由额的两端。由额、内额、蜀柱、斜撑、绰幕枋组成了一组形似现代平行弦木行架式复合梁，用以承载部分横向屋架。

　　弥陀殿也是七间八椽，为"八架椽屋，前后乳栿当中四椽栿"，仍采用减少内柱的复合梁承托屋梁，以扩大室内空间。这本是北宋时的地方作法，至金代已成为一种习惯采用的结构手法。这种结构的出现，说明了当时的工匠对构架受力有了比较正确的认识，并开始在大跨度结构上应用。

南宋建都临安

宋绍兴八年（1138年）二月，宋正式以临安府为都城，仍称行在。

建炎元年（1127年）五月，宋高宗赵构在南京应天府（今河南商丘）即位之后，为避金兵进攻，以巡幸为名，先后流亡至扬州、杭州、建康府（今江苏南京）等地，均称为"行在所"。张浚任宰相时，曾主张定都建康，以图恢复中原。张浚罢相后，高宗准备从建康撤还临安（今浙江杭州）。绍兴八年二月，高宗以吕颐浩为江东安抚置大使兼行宫留守，自己则从建康出发，途经镇江、常州、无锡等地，最后至临安府，并正式以临安府为都城，但仍称为"行在"，以示不忘旧都东京开封。

临安府地处"苏湖熟、天下足"的太湖平原地区，且交通便利，极为富庶。南宋朝廷因袭五代时吴越的旧城规模，加以扩建、筑外城、营造宫内（大内宫城），皆金钉朱户、画栋雕梁、覆以铜瓦，镂镂龙凤飞骧之状，极尽雕琢之饰。其宫殿之建筑，经高宗、孝宗两代兴建，堪与北宋东京皇宫相媲美。在南宋偏安的150多年间，临安城市商业、手工业空前繁盛。沿北起斜桥，南至凤山门的南北御街两侧店铺林立，酒楼茶馆、勾槛瓦舍相互交错，昼夜不虚。四百多个行会散布全城，海舶珍异之物全都在此集市买卖，这一切都融造出临安府独具特色的城市风格。

善化寺大殿建成

　　山西大同善化寺，始建于唐开元年间，名开元寺，五代时改名大普恩寺，辽、金之际多次修建，是一座继承唐代风格又表现辽式特点的佛殿建筑。

　　善化寺大殿建在矩形砖砌高台上，面阔七间，长约 40 米，进深五间（十椽），宽约 25 米，正面明间和左右稍间各开一门，其余用厚墙封闭，上覆单檐庑殿顶。台基前有宽五间的月台，殿的木构架和辽开秦九年（1020 年）建造的义县奉国寺大殿属同一类型，用近似厅堂结构形式的"十架椽，屋前四椽栿后乳栿用四柱"的作法，又在檐柱与内移金柱上用阑额、普柏枋、扶壁拱、柱头枋组成内外两圈矩形框架，近似于殿堂的槽，因此它是兼于厅堂与殿堂形式的木结构，明间补间铺作有两道 60° 斜出的华拱，都是辽代的特殊作法。

　　采用这种架构，使殿内形成前后两跨各深二间，宽五间的两个敞厅和从左、右、后三面围绕着深一间的回廊，前跨敞厅较矮，供礼佛用。后一跨较高，内砌五间通长的矩形佛坛，坛上并列五尊坐佛，并在明间主佛上部装斗八藻井，以突出主佛的崇高地位。两尽间沿山墙彻凹字形台座，上立护法倚天 24 身。大殿结构的造型和所形成的殿内空间同佛像布置及宗教活动方式密切结合，体现了辽朝佛殿建筑的重要特点。

　　善化寺大殿是现存中国古代木构建筑的精华，其结构的巧妙，空间利用的紧凑适宜，对佛殿宗教性特点的突出，在当时都是较为先进的。

辽佛殿继承唐风格

辽代崇尚佛教，佛教建筑也因此达到了较高的水平。这些建筑以仿唐风格为主，其原因主要在于契丹在唐朝时隶属于唐，受唐文化影响较深。五代以后，又与宋对峙，因政治界限相隔阻，宋朝文化的辐射较为微小，因此佛教建筑仍然保留着唐代风格。

辽佛寺建筑在平面配置上，除因契丹崇拜太阳，寺院、大殿大多向东外，余皆类同隋唐制度，寺分数院，周环回廊，如大同华严寺、善心寺等。蓟县独乐寺观音阁及山门则更似敦煌壁画净土变中所见的以楼阁为中心、围以回廊的寺院，在佛殿外观上、结构制度上仍为唐代风格。由于战乱和自然灾害的缘故，遗存至今的辽代木结构建筑已是寥寥无几，有河北蓟县独乐寺山门及观音阁、辽宁义县奉国寺大殿、山西大同华严寺尊伽教藏殿、山西应县佛宫释迦塔、山西大同善化寺大殿、河北新城开善寺大殿、河北涞源阁院寺文殊殿等几座。这些建筑都是中国现存古代木构建筑的精华。它们建造时间早，结构精妙，艺术成就极高。

蓟县独乐寺山门和观音阁建于辽统和二年（984年），此门平面为三间四架，16.16米×6.00米的矩形。用四阿（庑殿）顶，结构采用殿堂制分心斗底槽。在两次间中柱间垒墙分内外间、外间各塑金刚像一座，当心间安双扇板门，空间利用紧凑适宜，为唐代手法。内部不用天花，斗拱、梁、檩等构件全部露明，以结构之精巧和逻辑性获得充分的艺术效果。

观音阁采用殿堂结构，金箱斗底槽分内外槽的形式。为了在阁内供置16米高的十一面观音立像，采用外观为两层楼阁式，内部结构层分为底层、平坐，上层各为柱额及铺作构成的两个构造层。除了屋顶之外，上下共有五个构造层的内槽不用梁木伏，呈空筒形式。室内构图以观音像为主体，从观音像发除向两侧作斜线至底层地面为一等边三角形，以此增加了佛像的稳定感。

山西大同华严寺薄伽教藏殿，建于辽重熙七年（1038年），它采用内外槽的柱网结构和明木伏、草木伏两套屋架的做法，与唐代佛光寺结构相似。

山西大同善化寺主体结构也依唐制，采用面阔长于进深的矩形式样，前有月台，旁有尽间，但此殿注重大殿结构的造型和所形成的殿内空间同佛像布置及宗教活动方式的紧密结合，则体现了辽代佛殿建筑的重要特点。

辽代佛殿建筑在继承唐代风格的基础上，或多或少显示了自己的特点。早期以唐制为主，后期本民族的特色表现明显。

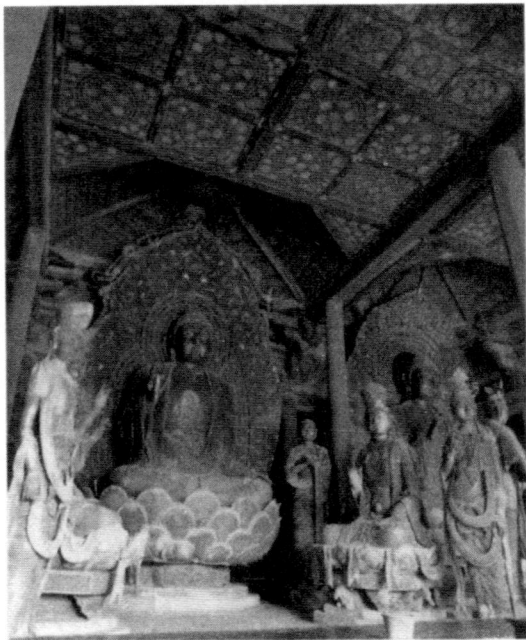

下华严寺薄伽教藏殿内景

辽独乐寺建筑群建成

中国的木构建筑起源很早，原始社会的简陋木房是其雏形。到宋代，木构建筑已发展到相当水平。当时与宋对峙的北方辽国，其建筑技术因师法中原，也出现了不少建筑杰作。辽统和二年（984 年），独乐寺建筑群的建成就是证明。

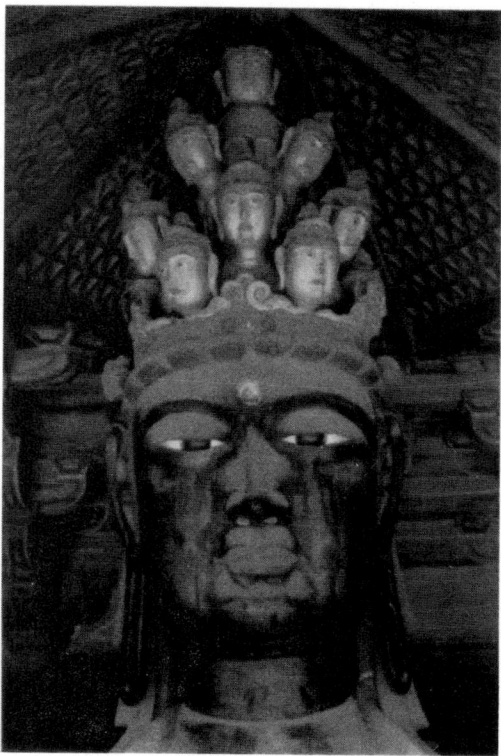

十一面观音像，高 16 米，是中国最大的观音泥塑像之一。

独乐寺建筑群，属于佛教寺院，在今天津市蓟县城内。在辽以前已有寺。984 年，官位显赫的辽国节度使韩匡嗣，建了独乐寺的山门和观音阁，并修整了原寺，使独乐寺发展成为建筑群。

寺南向，山门三间四架，采用殿堂分心斗底槽结构形式。两次间中柱间垒墙分为内外间，两外间各塑金刚像一座，两内间各绘二天王像，心间内柱间安双扇板门，空间利用紧凑得宜。内部彻上明造，朴实无华，以结构的逻辑性表现出艺术效果。

观音阁在门内中轴线上，下为低平台基，前出月台，面阔 5 间，20.23 米，进深四间，14.26 米。阁外观 2 层，但腰檐平座内部是一暗层，故结构实

观音塑像

为 3 层，覆单檐九脊顶，通高 23 米余，柱子有侧脚和生起，它的整个外形轮廓稳重而又轻灵舒展。

山门和观音阁都是屋坡舒缓，出檐深远，斗拱雄大疏朗，保留有明显的唐代风格。阁内有内柱（金柱）一周，形成内、外槽相套的空间，内槽中心佛坛上立高达 16 米的彩塑观音像，通贯 3 层，两侧各侍立一菩萨。内槽中空，直贯上下，各层向内挑出栏杆围绕大像。中层栏杆平面长方，上层六角，较小，大像头顶的天花组成八角攒尖藻井，更小，呈现出韵律的变化并增加了高度方向透视错觉。大像略前倾，以减少仰视的透视变形。上层较为开敞，使大像头胸部显得明亮，增加了崇高感。门和阁的距离适中，不过分远，也不过分近，当立在山门内时，可以看到包括屋面在内的阁的完整形象。这些结构形式和处理方法，反映出中国古代建筑可以适应各种使用要求。

将观音阁和山门的规制与现存其他唐、宋建筑比较，可确认这两座建筑在中国现存古代木构建筑中建造时间是比较早的，包括它们在内的独乐寺建筑群，结构精妙，艺术超群，是中国古代建筑中的典范。其中观音阁还是现存最早的楼阁。

金迁都燕京·营造中都

天德五年（1153 年）三月，金朝将都城迁到燕京（今北京），第二年即称为中都大兴府。

金原来建都上京（今哈尔滨西南）。天德三年（1151 年）三月，海陵王因为上京地处极北，偏僻而且不便统治，于是决定将都城迁往地点居中的燕京（今北京），接着命人扩大燕京城，修建宫室。四月，正式下诏宣布将迁都燕，一面命尚书右丞相张浩调集各地民工、匠人扩建燕京城，建造宫室。

张浩是辽阳渤海人，精通汉文化。天德三年（1151 年）他受命与蔡松年一起主持营建中都。天德五年（1153 年），工匠们经过两年的辛勤劳作，终于大功告成。扩建后的中都城周围九里三十步，仿照汉人的都城宫室制度。城正门叫宣阳门，门内分别设有来宁馆、会馆，用来接待使臣。

皇帝宫城在内城，有九重宫殿，总共三十六殿，以皇帝宫殿为中心。内城的南面，向东有太庙，向西有尚书省。内城西面有同乐园、瑶池等游乐场所。

天德五年（1153 年）三月，海陵王举行盛大的仪式，浩浩荡荡南迁，进入中都燕京。从此，金朝的统治中心南移到了中都。

耶律楚材宣传三教同源

耶律楚材（1190 年—1244 年）13 世纪蒙古国大臣，字晋卿，号湛然居士，契丹皇室后裔，辽太祖耶律阿保机的九世孙。其父耶律履，曾做过金朝尚书右丞。耶律楚材从小受到良好教育，博览群书尤通经史。虽为契丹族但家庭久已汉化，生活习惯思想观念等同汉人一样。金朝末年，他在金丞相定颜承晖手下担任左右员外郎。蒙古军攻下中都（今北京）后，他应召前往漠北，随即又扈从成吉思汗西征，担任汉文书记和星象占卜工作。窝阔台嗣位后，始受重用，1231 年后掌汉文字的必阇赤长（汉人称之为中书令）。当政期间，在政治、经济、文化等方面提出了一系列有利于中原封建经济的恢复和发展的政策与措施，使蒙古统治者在适应汉族封建文明的道路上作了初步的尝试。

在政治思想上，耶律楚材由于亲眼目睹了连年战乱给人民带来的巨大苦难，立下了用儒家学说济世安民的志愿。决心用儒家学说把当时残破的北方社会改造成太平盛世，提出政治

南宋佛教达摩宗的六代祖师像

主张：加强中央集权，削弱蒙古诸王贵族和汉人世候的权力；均定赋税，反对苛征暴敛；保护、优待和任用儒士等。这些对当时北方社会和生产的恢复发展起了很大作用。

耶律楚材政治思想上的一个显著特点是"三教同源"论，三教即儒、释、道教。"三教同源"论在金末北方社会中广泛流行，耶律楚材接受并宣传这一观点，他在随成吉思汗西征时著《西游录》具体阐述这一观点。他认为：世界上存在一种类似于终极其理的"道"。这种"道"是易知易行的，并非僻怪之物。因此儒、释、道三教在寻求"道"的问题上最后不谋而同。"三圣人教。皆有益于世者。"他还说："以吾夫子之道治天下，以吾佛之教治一心，天下之能事毕矣，"由此可见耶律楚材在思想观念上虽以佛学为归依，实际行动却仍然遵循孔孟之道。因此他的"三教同源论"仍然是儒家与道释互补的理论，为当时汉人知识分子提供了一种思想与行动上的理论依据。

忽必烈建元·定都大都

至元八年（1271 年）十一月，忽必烈采纳刘秉忠、王鹗等儒臣的建议，根据《易经》"乾元"的意思，正式建国号为大元，并颁布《建国号诏》。蒙古自从成吉思汗建国以来，一直用族名充当国名，称大蒙古国，没有正式建立国号。忽必烈登上蒙古汗位后，建年号为"中统"，仍然没有立国号。随着

元世祖忽必烈像

征宋战争的顺利进行，蒙古政权实际上已成为效法中原地区汉族统治方式的封建政权，尤其是忽必烈统治日益巩固，于是他决定在"附会汉法"方面再迈进一步，把自己的王朝建成传承汉族封建王朝正统的朝代。忽必烈建国号大元，明确表示他所统治的国家已经不只属于蒙古一个民族，而是中国历代封建王朝的继续。

至元九年（1272 年）二月，忽必烈采纳刘秉忠迁都的建议，改中都为大都，正式定为元朝首都蒙古国时期，统治中心在和林（今蒙古境内），忽必烈即位后，元朝的统治中心已经南移，远在漠北的和林不再适合作都城，忽必烈开始寻找新的建都地点。他升开平为上都，取代和林，接着又迁往更理想的燕京（今北京），定名为中都。中都改为大都后，忽必烈于至元十一年（1274 年）正月在大都正殿接受文武百官的朝贺，大都从此成为元朝的政治中心。

道教开铸金殿

道教祀神和作法事的场所称观，更庞大的观称为宫，较小的观又称道院。观、宫之内主要建筑称为殿。

道教建筑一般为木构建筑体系，其组合原理与住宅、宫殿及佛寺大体相似。如山西芮城永乐宫，始建于元代，是现存较早的，保存比较完整的道教建筑。

此外，道教建筑中也常有用铜铸造的，称为金殿。金殿象征天帝的金阙，大多供奉真武帝君，即古代神话中的北方之神玄武，也是道教武当派所奉的主神。因此，金殿也发源于武当山。

现存最早的金殿铸于元大德十一年（1307 年），仅 1 间，高 2.4 米。另外位于武当山天柱峰上的金殿，铸于明永乐十四年（1416 年），面阔 3 间，高 5.5 米，整个建筑，包括神像、供桌全为铜铸镏金，加工精致，堪称雕塑艺

东岳庙

术珍品。云南昆明太和宫曾在明万历三十年（1602年）仿照武当山铸造金殿，明末移往宾川鸡足山，今已不存。昆明现存的金殿是吴三桂在康熙十年（1671年）仿建的。其他诸如苏州玄妙观原有明代铜亭一座，山东泰山碧霞洞亦有明代铜亭一座，今已移置岱庙。碧霞元君祠原称昭真观，位于泰山极顶南面，殿内供奉泰山神碧霞元君铜像，其正殿五门、瓦片、吻兽都是用铜铸造的。

道教开始铸造金殿，说明我国古代铸造技术已达到较高的水平。

东岳庙

元代道教建筑中的典型代表——永乐宫建成

元代对道教十分尊奉。全真派道士丘处机往中亚晋见成吉思汗，宣传教义及为政之道，深得成吉思汗欢悦，给予道教免赋役的特权，自此道教势力大盛。忽必烈时虽曾一度受到排斥，但自此之后直到元末，道教与其他宗教一样受尊奉。元代道观祠庙建造很多，元大都的东岳庙、河北曲阳北岳庙德宁殿和山西洪洞水神庙都是元代著名道教建筑。其中位于山西省永济县的永

永乐宫三清殿藻井

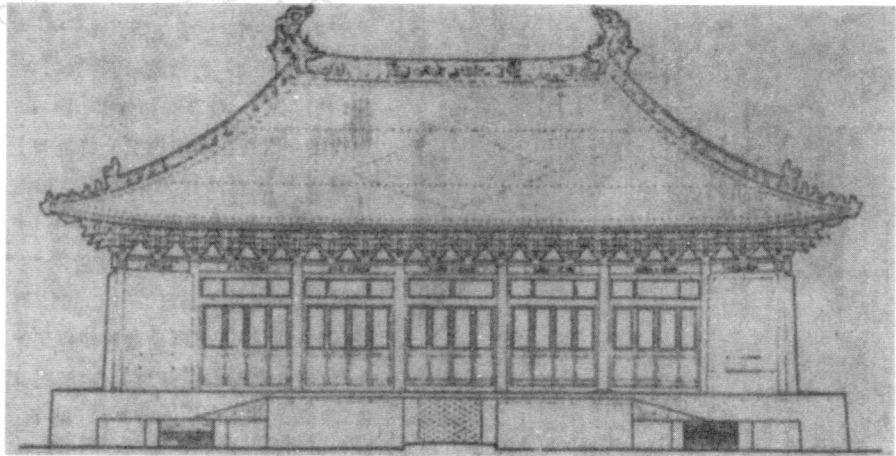

永乐宫三清殿立面图

乐宫就是元代道教建筑中的典型代表。

　　永乐宫是元代道教全真教的三大宫观之一，原位于黄河边的永乐镇。传说八仙之一的吕洞宾就在这里出生，山川非常秀丽。永乐宫的建造前后共用了110年的时间，从定宗二年（1247年）修建大纯阳万寿宫，后来改称永乐宫，然后逐步建成各主体殿堂，到至正十八年（1358年）完成各殿中的壁画为止，差不多经历了整个元代。

　　永乐宫建筑规模十分浩大，原来在永乐宫周围还建有许多祠庙，但现在只剩下了永乐宫一处。永乐宫沿中轴线依次布置宫门、龙虎殿、三清殿、纯阳殿、重阳殿5座殿堂，除宫门是经清代改建外，其余4座殿堂均保持着元代时的建筑风貌，组成了一组雄伟、浩大的道教建筑群。

　　永乐宫中的三清殿建筑最为宏伟壮丽，殿中奉祀三清神像，面阔7间，进深4间，长28.44米，宽15.28米，殿中四壁绘制着巨型壁画"朝元图"。殿中为扩大空间采用了减柱法建造，仅后部设有8根金柱，其余均省去不用。用黄蓝琉璃制作的层脊上两只高达3米的龙吻，造型生动，非常引人注目。无极门又称龙虎殿，原为永乐宫的宫门，后部明间台阶退入台基内呈纳陛形制，造型非常罕见。纯阳殿又名混成殿，内有吕洞宾像，故又称吕祖殿。最后是纪念全真教祖师王重阳和他的弟子的重阳殿，也称为七真殿。纯阳殿和重阳殿壁面均分别绘制吕纯阳、王重阳的生平故事的壁画。

永乐宫的四座元代建筑在建筑上和艺术上均取得了巨大成就：其一是它在总体布局上突破了中国古代建筑的廊院式结构，在同一条轴线上布置殿堂，使空间关系主次分明。其二是它采用了减柱法等一系列革新手法，扩大了建筑空间，对明清的建筑技术产生了重大的影响。三是它的殿中保存了大量元代彩画，彩画的构图和色彩运用均有许多创新。四是各殿中共有960多平方米的巨幅壁画，题材多样，色彩绚丽，在建筑史、绘画史中都极为罕见。尤其是三清殿中的"朝元图"壁画，泰定二年（1325年）由马君祥等人绘制而成，描绘了诸神朝拜元始天尊的故事，以8个帝后主像为中心，周围有金童、玉女、星宿力士等共286尊，场面开阔，气势恢宏。这些壁画都成为我国古代壁画中的精典佳作。

明营建南京

　　明太祖朱元璋定都应天（今南京）后，开始大规模营建都城，从1366年至1386年在原有城市基础上建成皇城、府城及外城三重，其规划布局反映了明代突破传统都城观念的建筑特色。

　　元至正十六年（1356年）朱元璋攻占集庆（今南京）后，改为应天府，采取"高筑墙、广积粮、缓称王"策略，发展生产，且耕且战，为建都于此打下雄厚基础。至正二十四年朱元璋在此称吴王，建百司官署，两年后，拓应天府城，命刘基等在旧城东钟山之阳建吴王新宫。洪武元年（1368年）朱元璋即皇帝位迁入新宫。尔后经过20年时间，按照自然地形，随势建城。

　　南京城的修建于洪武十九年（1386年）峻工，为了利用险要地势和防卫，南京城平面呈南北长、东西窄的不规则形。城周约67公里，城垣高度一般为14—21米，基宽14米，顶宽4—9米，用石做基，上砌特制的大砖，垛口13616个，开有13个城门，以聚宝门最为宏伟壮观。城墙内有藏兵洞23个，可供三千士兵驻守。后又在都城外围建外廓城，长120公里，大部分依天然地形以土垒城，外廓城墙早已被毁，都城城墙则保留至今。皇城位于城东，平面呈方形，内有宫城即紫禁城。皇城以南北中轴线为主干，自洪武门至承天门筑有大街，东侧有礼、户、吏、兵、工五部，西侧为五军都督府。宫城内依中轴线建奉天、华盖、谨身三殿和乾清、坤宁二宫，是皇帝举行大典、处理朝政及居住场所。城中心建有钟楼、鼓楼，在鸡笼山和聚宝山分别设有观象台。鼓楼东南的国子监是当时全国最高学府。玄武湖是存放明代全部黄册之处，湖心岛上建有库房，防守严密。

　　由于水陆交通便利，腹地广阔，南京的手工业和商业相当繁荣。商业区

位于南京城中华门的藏兵洞，前后四重，共27个。

中华门城上的跑马道

位于秦淮河两岸，经营粮食、竹木、薪炭、六畜、桐油、芝麻、茶叶、纸张等，商贾云集，百货充盈。手工业以丝织、印刷、造船著称。织造业除官营外，还有大量民间机户和机匠，产品丰富，畅销全国，并有颜料、印染等配套行业。秦淮河入长江口建有龙江宝船所，可以制造用于远洋航行的大船，郑和下西洋即以此为基地造船。不少外国使臣、商人到南京出使和贸易，浡尼国王那惹加在访问南京时病逝，即葬于此，陵墓至今尚存。

南京的各种宗教建筑也很多，著名的有灵谷寺、报恩寺、天宁寺、朝天宫、净觉寺等，特别是报恩寺内有一座九级琉璃宝塔，白天在阳光下熠熠生辉，夜晚点灯百余盏，成为天下奇观。

明成祖迁都北京后，南京的宫殿官署一直保留，在政治、经济、文化方面处于特殊地位。

诏建北京宫殿

永乐四年（1406 年）闰七月五日，洪国公丘福等文武大臣请建北京宫殿，以备巡幸。朱棣下诏从永乐五年（1407 年）五月开始建筑北京宫殿。同时派遣工部尚书宋礼往四川、吏部右侍郎师逵往湖广、户部左侍部古朴往江西、右副都御史刘观往浙江、右佥都御史仲成往山西督理军民采木。每人每月给 5 斗米，钞 3 锭。命泰宁侯陈珪、北京行部侍郎张思恭督理军民匠造砖瓦，每人每月给 5 斗米。又命工部征天下色匠，在京诸卫及河南、山东、山西等各卫选军士，河南、山东、陕西、山西等布政司及直隶、凤阳、徐州、和州选民丁，于永乐五年（1407 年）五月一起赴北京听从安排，半年更代一次，每人每月给 5 斗米。凡征发军民之处，所有差役及闸办银课等项，全部停止。永乐六年（1408 年）年六月三日，朱棣诏谕北京文武诸司群臣，北京军民备历艰难，平定以来辛苦未苏，但营建北京国之大计，不得不重劳百姓。从今以后北京诸郡不急之务，及诸买办，全部停止。

最大最完整的帝王宫殿故宫完成

永乐五年（1407 年）至十八年（1420 年）建成故宫，历时 14 年。

明故宫是在元大都宫殿基础上，依照明南京宫殿的格局规划建造的，当时集中了全国的优秀匠师，动用了 30 多万士兵和民工。

明故宫南北长 960 米，东西宽 750 米，周长 3420 米，周围筑有高 10 余米的城墙，墙外环以宽 52 米的护城河。故宫有 4 门，正南名午门，正北名玄武门（清改名神武门），东名东华门，西名西华门。城墙四角矗立结构精巧、形制华丽的角楼各 1 座。故宫占地 72 万平方米，房屋 9000 余间，建筑面积 15 万平方米，多层砖木结构。整个建筑群按中轴线对称布局，层次分明，主体突出。全部建筑可分外朝、内廷两大部分。外朝以奉天（后改称捷极殿，清代改称太和殿）、华盖（后改称中极殿，清改称中和殿）、谨身（后改称建极殿，清改称保和殿）三大

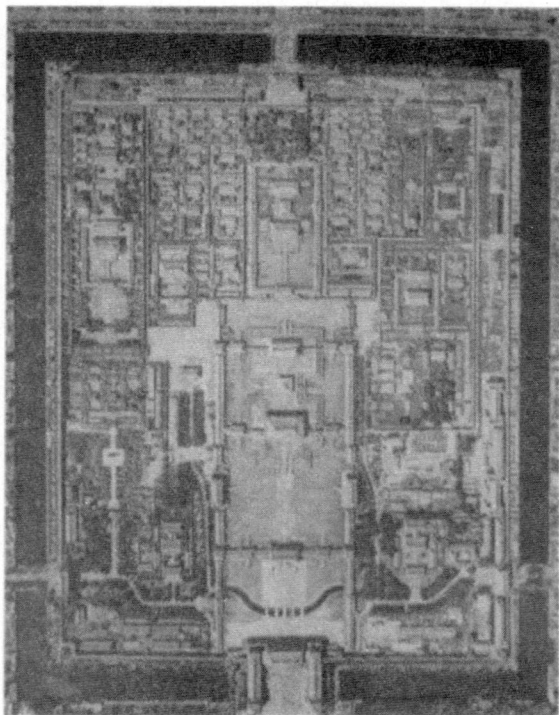

故宫平面图

殿为中心，文华、武英殿为两翼，是皇帝举行各种典礼和从事政治活动的场所。内廷以乾清宫、交泰殿、坤宁宫为主体，以及养心殿、宫后园、外东路、外西路等，是皇帝处理日常政务和居住之处。

午门，紫禁城正门，上有崇楼5座，以游廊相连、两翼前伸，形如雁翅，俗称五凤楼。楼内设有宝座，东西两侧设有钟鼓，每逢朝会或庆典，均在此鸣钟击鼓，战争凯旋，皇帝亲临午门，举行盛大的受俘礼仪。午门以外是一条石板御路，称天街，可通承天门（清改称天安门）和端门。御路两侧廊庑整齐划一。进入午门，庭院宽阔，在弓形的内金水河上，横跨5座雕栏白石桥，庭院正北即皇极门（太和门），为明代皇帝御门听政处。由午门至皇极门，形成外朝建筑的前奏。

三大殿，即奉天殿、华盖殿、谨身殿。位于皇极门内。奉天殿，是中国

故宫鸟瞰

封建社会最高等级的建筑。它建于高 8 米的 3 层白石台基上，面宽 63.96 米，进深 37.17 米，高 27 米，殿内面积 2377 平方米，上盖重檐庑殿顶。殿内蟠龙衔珠藻井高悬正中，6 根缠龙贴金柱分别左右，皇帝宝座置于中央一座雕镂精美的高台上，座后有九龙屏风相护。奉天殿是皇权的象征，御路、栏杆和殿内彩画图案，均以龙凤为题材。皇帝的即位、大婚、册立皇后、命将出征，以及每年元旦、冬至、万寿三大节等重大典礼，均在此殿举行，皇帝在这里接受文武官员的朝贺。华盖殿是皇帝举行典礼前小憩之所，平面呈正方形，四角攒尖顶，上盖黄琉璃瓦，正中鎏金宝顶。谨身殿是皇帝赐宴和科举殿试之所，平面呈方形，四角攒尖顶，每年除夕和元宵节，皇帝在此大宴王公大臣。上盖黄琉璃筒瓦。三大殿前还陈设有香炉、日晷、嘉量、铜龟、祥鹤等，借以衬托皇权的尊贵和至高无上。

后三宫，即乾清宫、交泰殿、坤宁宫。乾清宫，在谨身殿后，是内廷的最前殿，即内廷正殿。正门曰乾清门，两侧有八字形琉璃影壁，和外朝高大的宫殿相比，内廷宫殿显得精巧别致。为皇帝居住和处理日常政务之所。每逢元旦、元宵节、端午、中秋、重阳、冬至、除夕和万寿等节日，皇帝均在此举行内朝礼和赐宴。交泰殿，在乾清宫和坤宁宫之间。平面呈方形，黄琉璃瓦四角攒尖顶。

东西六宫和东西五所，属于从属地位，陪衬在内廷两侧，其布局和空间形象没有中轴线上的宫殿那么起伏跌宕，而以相同的空间和处理手法重复建造构成大片的整体效果。每宫平面略成方形，前后两殿大多为五开间单檐歇山顶建筑，与两侧配殿将宫分成两个院落，犹如扩大的四合院住宅，前后三宫重复，左右两宫并列。东西五所位在东西六宫之后，也类似六宫布局，只是规模略小而已。

宫后苑（清改称御花园），在坤宁宫北，为中轴线最末端。占地 11700 平方米，有建筑 20 余处。正中的钦安殿，为祭祀玄天上帝之所。以钦安殿为中心，园林建筑采用主次相辅、左右对称的格局，以布局紧凑、古典富丽取胜。殿东北的堆秀山，为太湖石叠砌而成，上筑御景亭，每年重阳节帝后在此登高。园内古树交柯，花木锦簇，园路用五彩石子拼成各种图案，清幽宁静。

为了满足帝后们奢侈生活的需要，还建有看戏的戏楼，供神拜佛的佛殿等各类建筑，穿插于内廷宫殿之间。

故宫宫殿建筑附会古制，师承必有来历的设计思想最为突出。例如宫殿在都城中的位置，附会匠人营国的规定；宫门之上建城楼，城隅有角楼，大体上附会古代传说的三城门隅制度；宫城内重要的建筑也多是依据古代礼仪传说而设置的。这不仅是形式上的模仿，而且同使用功能相结合，给以美的艺术加工，三者紧密而又有机地结合在一起。古制外朝有天子五门三朝，还有天子九门之说。宫殿深邃门自然也多。明故宫宫殿的中轴线上，共有 8 个广庭，5 座南向的宫门。这 5 门不完全与古代传说的皋、库、雉、应、陆一一对应。只是其中的午门和乾清门与传说中雉门、陆门的形制和地位有些相似。明故宫内的金水河，是按照"帝王阙内置金水河，表天河银汉之义也，自周有之"的古代传说而设置的。河水从金方（西方）来，至巽方（东南方）出，流经半个紫禁城。

这条按古制设置而且规定流向的河，具有多方面的功能，它不仅是宫城内最大的水源，救火及建筑工程施工都用金水河的水；而且又是宫城内最大的排水渠，全部南北及东西方向的下水道口都设在河帮上；同时它又给宫城景观增添了风采。金水河要流过外朝 3 座宫殿，重点是在横穿皇极门广庭部分。为显示河的特点，不用直线而采用曲线，为与规整的环境谐调，不用自然变化的曲线，而用几条对称的弧线。河正中设 5 座桥，桥的前端随河的弯曲不在一条直线上。中间的桥为皇帝通行专用，突出在前，两侧为文武官员设置的，依次退后。皇帝通行桥的石栏杆望柱头雕龙云纹，官员通行桥的栏杆望柱头雕 24 气。河中部宽，两端渐窄，由于两端要穿过东西朝房的地下，这样利于施工，也显得有变化。武英殿门前金水河处理形式与皇极门前不同，因为武英殿等级低于奉天殿，故仅建 3 座桥。金水河流近文华殿时，转向北流经文华殿西侧，从文渊阁前地下穿过，然后在东三座门前再现。它一路有直有曲，往复返环，有时地上，有时地下，河面上架设多座桥梁，具有丰富的艺术效果。

　　明故宫设计的指导思想，就是要突出表现帝王至高无上的绝对权威，达到巩固王权统治的目的。从宫殿建筑的总体布局到个体建筑设计，以各种手段创造出的艺术形象，都是为了体现这个指导思想。为了表示威严壮观的气势，其主要建筑都严格地布置在中轴线上，而整座宫殿又是以三大殿为中心来组织各种建筑，因此三大殿占据了宫殿的最主要的空间，庭院占地也最为广阔，并在其前部布置一系列大小形状不同的庭院和门阙作为前导，步步深化，有力地渲染出奉天殿的主导地位。在建筑的具体处理上，依据诸宫殿建筑的不同功能和地位，采取不同的规模、屋顶形式，以及不同的装饰手法来表现建筑的等级差别，使建筑打上明显的等级烙印。

　　明故宫宫殿建筑在总体布局上，是继承了历代积累下来的经验进一步发展形成的。从中岳庙碑、后土祠碑以及山西岩山寺壁画中所表现的金代宫殿和《辍耕录》中记述的元代宫殿看出，它们之间的承袭关系，在布局上有许多相似之处。如奉天殿周围采用廊庑环绕，大殿两侧原有斜廊相连，与上述几处宫殿形制相同。这种利用低矮的廊庑映衬高大的主体建筑，形成主次分明关系，是中国古代建筑常用的手法。至于明故宫在空间组织上，自大明门

紫禁城后三宫全景

起至坤宁宫止在中轴线上布置了 8 个庭院。各个庭院的艺术处理也不同，形成了纵横交错、高低起伏、有前序有主体的空间序列，引人入胜。大明门与承天门之间以千步廊围成纵深庭院，至承天门前向两侧延伸为横向广场。通过空间的变化及门前的石桥、华表和石狮等突出承天门的威严庄重的艺术形象，承天门至午门间以端门前的横向庭院与午门前的纵深空间形成对比，衬托出宫城的主导地位。皇权前的庭院犹如前三殿的前奏曲，至乾清门前横向庭院使人们处在空间变化的不断转换之中，并表明自外朝进到内廷的另一性质的空间。前三殿与后三宫两组建筑群所在庭院的长宽恰好是 2 比 1，建筑规模也有体量的差别，这种处理既加强了二者之间的统一，又显示了外朝与内廷的主从地位。在空间环境上形成了完整的艺术体系。

从形成明故宫建筑群的统一完美艺术形象看，建筑装修、装饰及建筑小品的位置都起到了很大的作用。为了表现主体建筑雄伟壮观，门殿建筑都坐落在台基上，台基的前后正中台阶随坡设置显示帝后尊严的御路石雕。由于等级的差别，这些台基的用料和做法也不相同，一般宫殿的台基仅用砖砌，上铺阶条石，多不设栏杆，中轴线上的皇极门、乾清门等建筑以汉白玉石须弥座台基相承，上部围以栏杆，望柱雕有龙凤纹。而三大殿的台基做法最为特殊，由三层须弥座重叠组成，每层栏杆望柱雕有云龙，下面伸出螭首，全部用白色汉白玉石雕成，天晴日朗，光影效果突出，产生强烈的艺术感染力。檐下彩画亦有严格的等级，主体宫殿均用和玺彩画，枋心绘有龙凤图案，大量施用贴金，使殿堂富丽堂皇。次要门殿及庑房多绘以不同等级的旋子彩画，而花园中的亭廊楼阁则用苏式彩画，大片的青绿色调把檐下的斗拱、额枋、枋椽联成一体，更显得黄琉璃出檐深远飘逸。主要宫殿门窗格心多用菱花图案，裙板、槛框大量使用鎏金团龙和翻草岔角。而一般宫殿多用风门及支摘窗，窗格纹样，制作精丽，多彩多姿。宫殿内部除运用绚丽的彩画装饰外，还大量装饰雕镂精巧的内檐装修来分隔室内空间，一些主要殿堂内天花中部多作藻井，采用浑金雕龙图案，尤以奉天殿内金漆蟠龙吊珠藻井最为华丽。殿内在 7 层台阶的高台上中央安放宝座，背后围以雕龙金屏风，左右置香几、香炉等陈设，宝座周围6根巨柱均饰沥粉贴金缠龙，组成一个特有的神圣庄严的空间环境。内廷各宫室，随生活起居要求，室内用隔扇门、炕罩、板壁等隔成较封闭的空间，或用各种花罩、落地罩等隔成彼此通透的空间，隔而不断，互相因借。装饰方面还注重借助题名匾联、多姿的陈设来增强建筑的华贵气氛和幽雅的室内环境。

明故宫是我国现存最大、最完整的帝王宫阙，也是世界上最著名的古代建筑群。其建筑与都城规划紧密结合，在总体布局和空间组织方面，统一中求变化，体现了中国明代建筑艺术的辉煌成就。

明故宫在清代得到扩建重修。

乾清宫发生火灾

正德九年（1514 年）正月十六日，乾清宫失火，化为灰烬。

武宗每年以张灯为乐，所耗经费以万计。是年正月，宁王为讨武宗欢心，献灯宫廷，还派人入宫悬挂。武宗观灯作乐，又派人在庭轩间建毡房，将火药贮藏在内。不料十六日突然起火，延烧宫廷，乾清宫以内化为灰烬。当时武宗曾往豹房巡视，回顾火光冲天，竟然大笑，说是"一棚大焰火也"。

同年十二月，工部上奏称重建乾清宫需费银 100 万两，请求征赋于民，每年征收 1/5。武宗准奏，并下令在 1 年之内征齐所需银两。霎时间，催征无休止，百姓怨声载道。而朝堂之上，诸臣相继上疏，请武宗速罢弊政，不负天下万民所望，而武宗却充耳不闻，置之不理。

盛京宫殿基本形成

盛京宫殿是清太祖努尔哈赤和清太宗皇太极时期在沈阳建造的宫殿建筑。自天命十年（1625年）开始，大约花了10年时间，皇宫基本建成，又经过康、乾两朝多次增建，才成了今天这样的规模。

盛京宫殿群规模宏大，大约占地6万余平方米。按照建造先后大约可分三个部分：东路由大政殿和15亭组成。大政殿是当时后金王朝举行大典的殿堂，座北朝南，八角形平面，垂檐八角攒尖屋顶。15亭在大成殿前分列左右，呈"八"字形。除了往北端的左右翼王亭之外，其余8亭都依八旗的序列设置。这是努尔哈赤召集八旗王商议国事，供八旗王办公的地方。其建筑格局保存了战争中军帐、营房的遗风。而盛京宫殿有别于其他古代建筑群的重要特点是将皇宫的主要大殿和王公大臣的办公建筑同置一处。

盛京宫殿群的中路为大内宫殿，依中轴布置了大清门、崇政殿、凤凰楼和清宁宫。崇政殿是皇帝处理日常政务的地方，清宁宫则是帝后的寝宫，该宫的西中部是祭神之所，按照满族的习俗在南、西、北三面建了万字炕，宫外东南角则建右神杆（索伦）。凤凰楼、清宁宫及东西配宫6座都建在一个3.8米的台座上，高台四周筑有围墙，形成宫高殿低的格局，这和北京紫禁城外朝三大殿居于高石台基上，内廷后三宫低于前朝的布置恰好相反。这可能与女真人的生活习惯有关，女真人长期生活在长白山地区，习惯干住在高山台地，努尔哈赤建立全国之后在新宾、界藩山、萨尔浒等地建造的宫室，也人都建在高地上。

盛京宫殿群的西路以收藏四库全书副本的文溯阁为中心，前面是嘉阳堂戏台，后面是仰熙斋。

　　盛京宫殿的建筑风格还受到蒙族和藏传佛教的影响，如崇政殿的方形檐柱与托木式的大雀替、梁头做成龙头或雕饰，以及天花井口中的梵文装饰图案、柱头上的兽面雕饰、崇政殿大政殿装修上几何图形的藏式小檐口等都是。盛京宫殿还大量地采用琉璃瓦作为装饰材料，装饰风格也颇有特色。总体说来，盛京宫殿不如北京宫殿那样豪华精致，却有一种奔放、粗犷之美。

沈阳故宫崇政殿室内宝座

清建都北京

　　清军到达北京后，在是否将首都由沈阳迁到北京的问题上，统治集团内部发生了争论。以阿济格为首的反对派，主要以清兵入关太快、补给不足为由，反对迁都。而多尔衮从统一和管辖整个中国的总战略出发力主迁都。顺治元年（1644年）六月，多尔衮终于统一诸王、贝勒、大臣的意见，决定建都燕京，派遣辅国公吞齐喀等携奏章迎驾。七月八日，顺治帝在告上帝文中宣布：接受多尔衮的奏请，"迁都定鼎，作京于燕"。八月二十日，顺治车驾自盛京启行，九月十九日至京师，自正阳门入宫。十月一日，顺治行定鼎登基礼，亲至南都，发布告祭天地文："兹定鼎燕京，以绥中国"，宣布继续沿用"大清"国号，纪元顺治。清政权在关内的确立，并为满清贵族最终捣毁南明王朝和完成统一大业，提供了政治上的保障。

　　清廷在定都的过程中以及定都之后，采取了许多重要措施，在一定程度上巩固了自己入主中原后的地位，这些措施主要表现为：一是对汉族地主阶级加以笼络。他们为崇祯帝后发丧，保护明陵，对明王及勋戚给以礼遇，"故明诸王来归者，不夺其爵"。同时优待和重用明朝降官，如任命洪承畴为大学士，提拔原明朝给事中陈名夏为吏部尚书等，以后又开科进士，安抚士人。二是减轻人民负担，改革明朝弊政。清军入北京后，多尔衮立即下令取消加派银饷使民"岁减数百万两，民赖以苏"。同时大力打击太监势力和贿赂行为，使明末极为猖獗的太监阶层大大削弱，贿赂之风也大为收敛。

改造故宫

　　清朝定都北京之后，基本上是完整地继承了明代的所有建筑，北京宫殿仍然沿用前代，总体布局没有变更，只不过将原来明代宫殿的名字改为新名，表明已经改朝换代了。清代还将在战争中毁于兵火的殿堂全面修复，使过去那种恢宏、整一的故宫建筑群得以重现。

　　清代对故宫的改造只是局部的。清初，将皇后居住的坤宁宫按照满人的居住习俗进行内部改造，成为祭神之所；在中间几间按照满族样式在南西北三面砌上大炕（称万字炕）及连炕大灶，作为祭神时聚会和烧制胙肉的地方；将宫殿的入口改在东偏，东暖阁改成皇帝大婚的洞房。

　　另一项重要的改造是西六宫前的养心殿。养心殿做成工字殿形式，前殿有5间，前面再加3间抱厦。殿内明间设宝座，按照正式朝仪布置室内的陈设。明间的左右是两间东西暖阁。东暖阁是皇帝日常起居并处理政务和召见近臣的地方，室内装修极为精美，南端设有木炕，东端则设有宝座，北半部则隔成两个后室，供皇帝就寝。西暖阁是皇帝的机要办公处，窗外的抱厦加设了一层"木围"，以防窥视。西稍间又隔出一小室，这就是著名的三希堂。养心殿后殿则供皇后居住。

　　清代对故宫布局最大的改造是在外东路明

福临（顺治）像

代的仁寿宫、哕鸾宫、喈凤宫的旧址上兴建宁寿宫。它完全仿效宫城中轴线上外朝内廷的格局，前后分别建皇极殿、宁寿宫（成一组）和养心殿、乐寿堂（成一组）。在乐寿堂的东侧又建作为皇帝看戏和礼佛的畅音阁和梵花楼；西侧则建有俗称乾隆花园的遂初堂、符望阁等园林建筑。宁寿宫的建筑非常完整、全面，可以称之为独立的小皇宫。

总之，清代对北京宫城的改造，进一步保护并加强了中轴对称布局，利用环境气氛的感染力突出了皇极至上统驭一切的威严气势，另外在生活的适用性和装饰设施的华丽方面也进行了大量的改造。